동선 따라 바로 쓰는

유流리利한, 여행 중국어

시사중국어사

동선 따라 바로 쓰는
유流리利한, 여행 중국어

초판인쇄	2026년 5월 10일
초판발행	2026년 5월 20일
저자	류리
책임편집	연윤영, 최미진, 주민경, 徐婕
펴낸이	엄태상
디자인	진지화
조판	이서영
콘텐츠 제작	김선웅, 장형진, 윤여명
마케팅본부	이승욱, 노원준, 조성민, 이선민, 김동우
경영기획	조성근, 최성훈, 김로은, 최수진, 오희연
물류	정종진, 윤덕현, 신승진, 구윤주
펴낸곳	시사중국어사(시사북스)
주소	서울시 종로구 자하문로 300 시사빌딩
주문 및 교재 문의	1588-1582
팩스	0502-989-9592
홈페이지	http://www.sisabooks.com
이메일	book_chinese@sisadream.com
등록일자	1988년 2월 12일
등록번호	제300 - 2014 - 89호

ISBN   979-11-5720-312-3 13720

안녕하세요! 『류리의 공감중국어』 류리입니다.

유튜브 『류리ON』 채널을 통해 여행과 중국어 회화를 함께 담은 브이로그 콘텐츠를 꾸준히 올려왔는데, 많은 분의 관심과 응원 덕분에 이렇게 〈유流리利한 여행 중국어〉 도서로까지 인사드리게 되었습니다.

그동안 수업을 하며,

"중국어 열심히 배웠는데 막상 현지에 가면 아무 말도 못 하겠어요."

"중국어가 너무 어려워서 중국 여행이 망설여져요."

라는 많은 분들의 고민을 계기로 유튜브를 시작하게 되었고, '실제로 쓸 수 있는 여행 중국어'를 전달하고 싶다는 마음으로 콘텐츠를 만들어왔습니다.

언어를 알고 여행하는 것과 그렇지 않은 것은 분명 큰 차이가 있습니다.

2023년부터 상하이, 대련, 하얼빈, 장춘, 샤먼, 청두, 대만, 홍콩, 베이징, 항저우, 심천, 광저우 그리고 최근 충칭까지 다니면서 언어 때문에 중국 여행의 장벽을 높게만 느끼시는 분들께 막상 필요한 표현들은 생각보다 많지 않고, 어렵지도 않다는 것을 직접 보여드리고 싶었습니다.

그 결과 지금은 인스타그램과 유튜브를 약 5만 명의 구독자분들이 꾸준히 함께해 주고 있습니다.

현장에서 직접 촬영한 여행 콘텐츠와 실전 회화가 도움이 되었다는 말씀을 들을 때마다 오히려 제가 더 큰 보람과 뿌듯함을 느끼기도 합니다.

그동안 여행 중국어 표현을 도서로 더 자세히 보고 싶다는 요청이 많았고, 좋은 기회로 이렇게 한 권의 책으로 담아내게 되었습니다. 그래서 도서 출간 기준 약 두 달 전, 중국에서 직접 촬영한 사진과 영상들을 함께 담아, 보다 더 현실적이고 생생하게 학습하실 수 있도록 구성했습니다.

또한 유튜브 영상에는 모두 담지 못해 아쉬웠던, 그동안 쌓아 놓은 실전 표현을 모두 담았습니다.

이 책이 여러분에게 중국 여행을 조금 더 가볍게 해드리고 더 나아가 중국어 회화에 대한 자신감을 높이는 데 도움이 되기를 바랍니다.

끝으로 이 책이 나오기까지 많은 도움을 주신 분들께 진심으로 감사드립니다.

류리 드림 ryuri

여행 동선 목차

여행 상황 목차

구성 소개

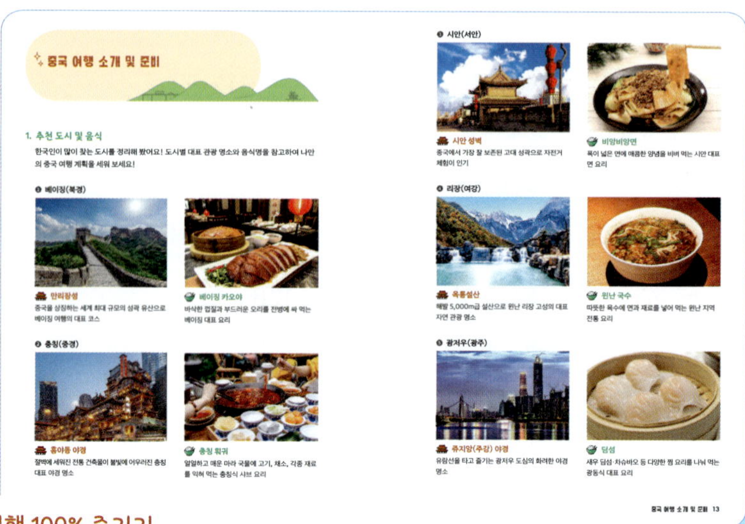

★ 중국 여행 100% 즐기기

추천 장소·음식·준비 품목과 필수 앱 등 중국 여행에 필요한 모든
정보와 자료를 한눈에 들어오게 정리했으니, 여행 전 꼭 확인하세요!

※ 교재의 일부 이미지는 AI를 활용함

★ 여행 전 들여다보는 기본 표현과 어휘

낯선 여행지에서 현지인과 친해질 수 있는 기본 인사말과
입을 뗄 수 있는 기본 어휘를 미리 체크해요!

★ 생생한 중국 현지 브이로그 보기
여행 전 중국을 미리 즐길 수 있게 총 12개의 브이로그 영상을 담았어요!

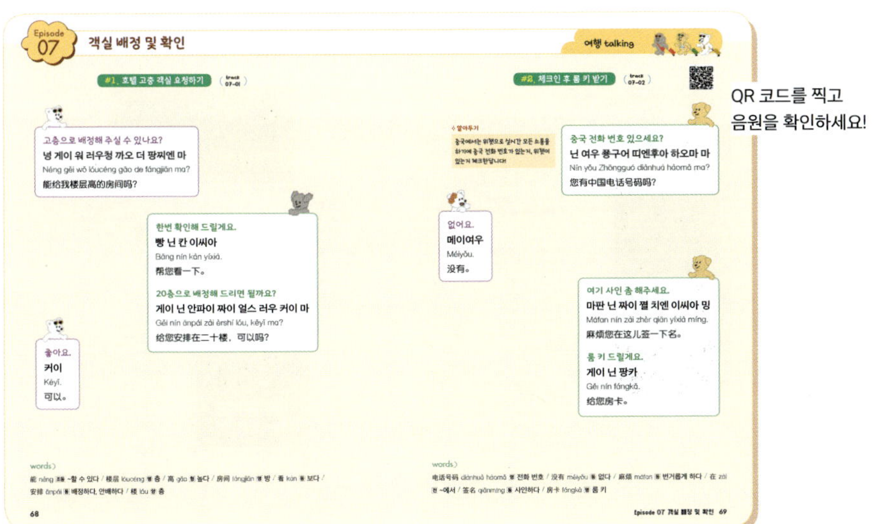

QR 코드를 찍고
음원을 확인하세요!

★ 현지에서만 들을 수 있는 리얼 현지 대화
수년 동안 브이로그 영상을 찍으면서 모아놓은 문장 중 중국인들이 꼭 말하는 표현만 뽑아 담았어요!

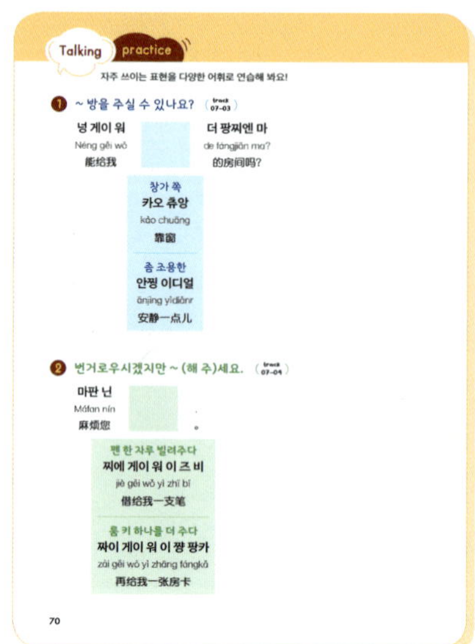

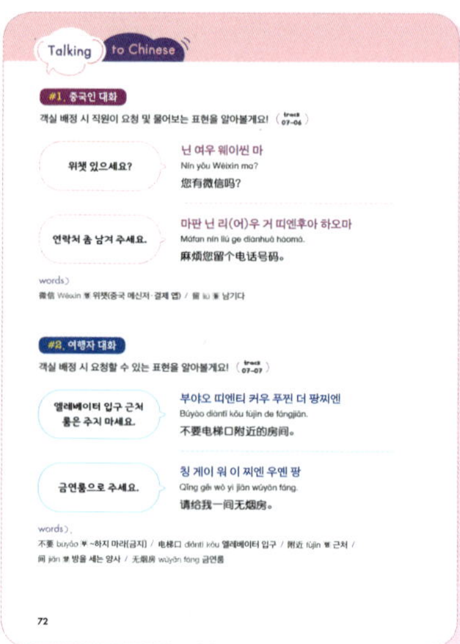

★ 복습과 예습을 한번에

자주 쓰이는 구문은 단어를 바꿔 가며 복습하고, 여행 상황에 꼭 필요한
문장은 예습할 수 있게 모았어요!

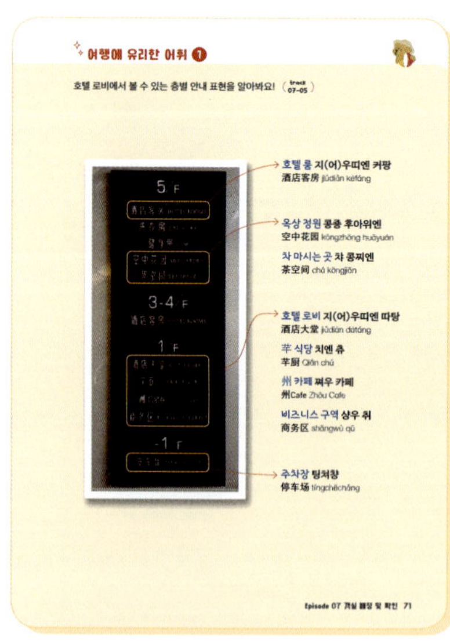

★ 여행 전 미리 맛보는 중국

중국을 미리 볼 수 있게 현지 사진에 쓰여 있는 중국어와 뜻을 정리해서
여행 중 100% 활용할 수 있어요! ※ 교재의 일부 이미지는 AI를 활용함

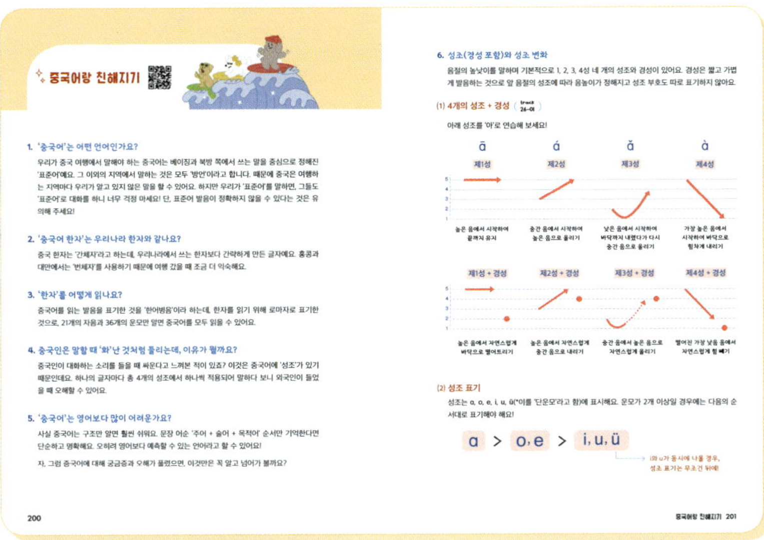

★ 중국어와 좀 더 친해지기

여행으로 중국어에 흥미를 느끼셨다면, 좀 더 체계적으로 중국어를
배울 수 있도록 성조 · 발음 등의 내용을 정리했어요!

★ 마무리는 상황별 문장

중국인 · 한국인이 말할 수 있는 문장, 관광 · 골프 · 효도 여행 등 목적별 여행 문장,
그밖에 여행 생존 20문장으로 중국어 달인까지 도전할 수 있어요!

✦ 중국 여행 소개 및 준비

1. 추천 도시 및 음식

한국인이 많이 찾는 도시를 정리해 봤어요! 도시별 대표 관광 명소와 음식명을 참고하여 나만의 중국 여행 계획을 세워 보세요!

❶ 베이징(북경)

🏯 **만리장성**

중국을 상징하는 세계 최대 규모의 성곽 유산으로 베이징 여행의 대표 코스

🍚 **베이징 카오야**

바삭한 껍질과 부드러운 오리를 전병에 싸 먹는 베이징 대표 요리

❷ 충칭(중경)

🏯 **홍야동 야경**

절벽에 세워진 전통 건축물이 불빛에 어우러진 충칭 대표 야경 명소

🍚 **충칭 훠궈**

얼얼하고 매운 마라 국물에 고기, 채소, 각종 재료를 익혀 먹는 충칭식 샤브 요리

❸ 시안(서안)

🏯 **시안 성벽**

중국에서 가장 잘 보존된 고대 성곽으로 자전거
체험이 인기

🍚 **비앙비앙면**

폭이 넓은 면에 매콤한 양념을 비벼 먹는 시안 대표
면 요리

❹ 리장(여강)

🏯 **옥룡설산**

해발 5,000m급 설산으로 윈난 리장 고성의 대표
자연 관광 명소

🍚 **윈난 국수**

따뜻한 육수에 면과 재료를 넣어 먹는 윈난 지역
전통 요리

❺ 광저우(광주)

🏯 **쥬지앙(주강) 야경**

유람선을 타고 즐기는 광저우 도심의 화려한 야경
명소

🍚 **딤섬**

새우 딤섬·차슈바오 등 다양한 찜 요리를 나눠 먹는
광동식 대표 요리

2. 항공권 예약 & 여권 및 비자

❶ **항공권:** 네이버 항공권, 트립닷컴, 국내 여행사 사이트 이용

❷ **여권:** 반드시 출발 기준으로 최소 6개월 이상 남아 있는지 확인

❸ **비자:** 무비자 가능 여부를 최우선 확인하고, 불확실할 경우 관광비자(L) 발급이 안전
　　단, 비자 정책은 변동성이 있으므로 출발 직전 공식 기관 확인은 필수!

3. 환전 & 결제 앱(APP)

❶ 100 위안, 50 위안, 20 위안 지폐로 환전. 최소 금액은 꼭 필요!

❷ QR 코드 결제가 보편화되어 있기 때문에 앱 설치 권장
　단, 출국 전에 한국에서 설치·인증까지 끝내는 것이 안정적

❸ 위챗(WeChat): 메신저, 결제 보조, QR 코드 확인, 현지 연락

STEP 1 앱 스토어에서 위챗 검색 및 설치	→	**STEP 2 회원가입 시작**
• iPhone: App Store → WeChat 검색 • 안드로이드: Google Play → WeChat 검색		• 앱 실행 → Sign Up 선택 • 국가 코드: +82(Korea) • 휴대폰 번호 입력
STEP 3 문자 인증(SMS)	→	**STEP 4 기본 프로필 설정**
• 인증번호 수신 후 입력 • 자동 인식 실패 시 수동 입력		• 이름(영문 또는 한글 가능) • 프로필 사진은 필수 아님 • 친구 추가는 나중에 가능

❹ 알리페이(Alipay): 식당, 택시, 관광 명소, 편의점 결제

STEP 1 앱 스토어에서 알리페이 검색 및 설치	→	**STEP 2 휴대폰 번호로 가입**
• iPhone: App Store → Alipay 검색 • 안드로이드: Google Play → Alipay 검색		• 국가 코드: +82(Korea) • 휴대폰 번호 입력 → SMS 인증
STEP 3 영문 인터페이스 전환	→	**STEP 4 여권 정보 등록(실명 인증)**
• 앱 우측 상단 설정(Settings) • Language → English 선택 • 중국어가 기본이므로 꼭 변경 권장		• 메뉴: Account → Identity Verification • 입력 정보: 여권 영문 이름, 여권 번호 • 사진 업로드 요구될 수 있음
STEP 5 한국 신용카드 연결		
• 메뉴: Bank Cards → Add Card • 가능 카드: Visa / Mastercard / JCB(일부 UnionPay) • 카드 인증 완료 후 바로 사용 가능		

※ 설치 후 반드시 확인해야 할 사항

항목	위챗	알리페이
한국 번호 가입	필수	필수
SMS 인증	필수	필수
결제 기능	보조	핵심
카드 연동	보조	핵심
여행 필수도	약간	매우

4. 휴대폰 로밍

❶ 한국 통신사 해외 로밍(가장 간단한 방법) : 쓰던 번호 그대로 사용

장점	단점
• 설정이 가장 단순 • 한국 번호 유지(은행·인증 문자 수신 가능) • VPN 없이도 구글 및 카카오톡 사용 가능(대부분)	• 요금이 상대적으로 비쌈 • 데이터 무제한이라도 속도 제한 가능

✓ 추천 대상 : 중국 여행이 처음이거나, 번거로운 설정이 싫은 경우

❷ 중국 전용 eSIM(요즘 가장 선호) : 실물 유심 없이 QR 코드로 개통

장점	단점
• 유심 교체 불필요 • VPN 포함 상품 다수 → 구글 및 유튜브 가능 • 요금 대비 데이터 효율 좋음	• eSIM 지원 기종만 가능 • 음성통화 및 문자 불가(데이터 전용)

✓ VPN이란? 사용자의 인터넷 트래픽을 암호화하고 IP 주소를 숨겨서 공용 와이파이에서도 안전해지는 서비스예요. 때문에 현지 Wi-Fi나 유심을 쓸 경우 VPN은 필수예요!

✓ 추천 대상 : 지도·결제·번역 위주, 사진·SNS 사용 많은 여행자

❸ 포켓 Wi-Fi(여러 명 여행 시) : 휴대용 Wi-Fi 기기를 대여해 사용

장점	단점
• 여러 명 동시 사용 • 일부 기기는 VPN이 포함 • 데이터 용량 넉넉	• 기기 충전 필요 • 분실 및 파손 위험 • 혼자 여행 시 비효율적

✓ 추천 대상 : 가족·친구 동반 여행

※ 한눈에 비교 정리

구분	한국 로밍	eSIM	포켓 와이파이
설정 난이도	매우 쉬움	쉬움	쉬움
VPN 필요	거의 없음	포함 상품 많음	기기별 상이
한국 번호 유지	○	×	○
비용	높음	중	중
추천도	★★★★☆	★★★★☆	★★☆☆☆

5. 중국 앱 설치

❶ 디디 츄싱(滴滴出行, DiDi China) : 택시 호출, 차량 이동

STEP 1 앱 스토어에서 디디 택시 검색 및 설치

• iPhone: App Store → DiDi 검색
• 안드로이드: Google Play → DiDi 검색

→ **STEP 2 휴대폰 번호로 가입**

• 국가 코드: +82(Korea)
• 한국 휴대폰 번호 입력 → SMS 인증

STEP 3 언어 설정(영문 권장)

• 앱 우측 상단 설정 → Language → English

→ **STEP 4 결제 수단 연결**

• Alipay 연동 또는 국제 카드 등록

TIP

▶ 결제 미연동 시 호출은 가능하나 결제에서 막힐 수 있음
▶ 목적지는 중국어 주소로 입력해야 성공률이 높기 때문에, 호텔 주소는 미리 중국어로 저장

❷ 까오더 띠투(高德地图, AMap) : 길 찾기

STEP 1 앱 스토어에서 가오더 지도 검색 및 설치

• iPhone: App Store → Amap 검색
• 안드로이드: Google Play → Amap 검색

→ **STEP 2 가입 또는 게스트 사용**

• 휴대폰 번호 가입 가능(+82 지원)
• 로그인 없이도 기본 사용 가능

STEP 3 기본 사용법 익히기

• 검색창에 중국어 지명 입력
• 도보, 지하철, 택시 경로 자동 안내

√ 주의: 영어 검색 인식률이 낮기 때문에, 중국어 주소 복사·붙여넣기 방식 추천

❷ 🧑 **따쭝 디엔핑(大众点评)**: 맛집·카페·관광 명소 후기, 예약

| STEP 1 앱 스토어에서 따종 디엔핑 검색 및 설치 | → | STEP 2 휴대폰 번호로 가입 |

STEP 1 앱 스토어에서 따종 디엔핑 검색 및 설치
- iPhone: App Store → Dianping 검색
- 안드로이드: Google Play → Dianping 검색

STEP 2 휴대폰 번호로 가입
- 국가 코드: +82(Korea)
- 휴대폰 번호 입력 → SMS 인증

STEP 3 기본 검색 활용
- 지역 선택 → 음식 종류 선택
- 사진, 리뷰 위주로 판단

TIP
▸ 별점보다 리뷰 수 + 사진을 함께 확인
▸ 일부 인기 식당은 사전 예약 기능 제공

※ **출국 전 앱 최종 점검 체크리스트**

항목	디디 츄싱 (DiDi China)	까오더 띠투 (高德地图, AMap)	따쭝 디엔핑 (大众点评)
설치 완료	√	√	√
한국 번호 가입	√	선택	√
영문/사용법 확인	√	보통	보통
실사용 중요도	매우 높음	매우 높음	높음

6. 한국인이 좋아하는 대표 먹거리

❶ 아침 식사

튀긴 빵 + 따뜻한 두유

고기 채소 속이 들어간 찐빵

흰죽 또는 고기·채소 죽

란져우 니(어)우러우미엔
兰州牛肉面

손으로 뽑은 면에 진한 소고기
국물 육수

윈툰미엔
云吞面

만두(완탕)가 들어간 완탕면

러간미엔
热干面

참깨 소스가 듬뿍 배인 볶음면
스타일의 비빔 국수

챠오판 炒饭

달걀, 채소를 넣고 볶아낸 중국식
볶음밥

씨에펀 라오판 蟹粉捞饭

게살과 내장을 볶아 만든 소스를
밥에 비빈 상하이 지역식 볶음밥

마파떠우푸 麻婆豆腐

두반장을 베이스로 한 매운 소스
에 두부, 떠우츠(豆豉), 잘게 다
진 고기를 곁들인 쓰촨성 요리

훠궈 火锅

중국식 샤브샤브

홍샤오러우 红烧肉

삼겹살을 진한 간장 양념으로
졸인 중국식 돼지갈비찜

쑤안라펀 酸辣粉

쓰촨성 충칭시의 대표 면 요리

❸ 야시장·길거리 음식

카오렁미옌 烤冷面

중국식 냉면 구이

보어보어지 钵钵鸡

마라 국물에 꼬치를 즉석에서
삶아 주는 마라탕 꼬치 버전

지엔빙 煎饼

밀가루를 넓게 부쳐 달걀, 파 등
을 넣고 돌돌 만 중국식 크레페

❹ 중국 술 바이주 白酒

마오타이지(어)우 茅台酒

중국을 대표하는 고급 바이주,
곡향이 강함[마오타이]

우리앙예 五粮液

다섯 가지 곡물로 만든
부드러운 향[우량예]

쉐이징팡 水井坊

향과 맛의 균형이 좋아 부드러운
고급 바이주로 평가[수정방]

7. 한국인이 좋아하는 대표 마트 간식

러스 乐事(Lay's)

오이 맛, 와사비 맛, 트러플 맛,
마라롱샤 맛 등의 감자칩

취뚜어뚜어 趣多多

초콜릿 맛의 쿠키

치아치아 꾸아즈 洽洽瓜子

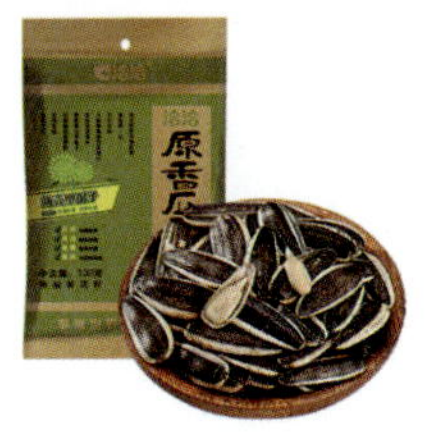

까 먹는 해바라기씨, 캐러멜 맛
추천

마라 맛의 컵라면

벌꿀이 들어간 요거트

부드럽고 고급스러운 과자

8. 짐 싸기

√ 여권(유효기간 6개월 이상)

√ 여권 사본 1부와 휴대폰 저장본: 숙소 체크인, 경찰 확인 등으로 여권 제시 상황이 잦음.

√ 항공권 예약 내역(모바일·PDF)

√ 호텔 예약 확인서

√ 여행자 보험 증서(모바일 가능): 여행자 보험 가입은 필수!

√ 개인 상비약(소화제, 진통제, 감기약, 지사제)

√ 휴대용 휴지: 중국 공중화장실에는 휴지가 없는 경우가 많음.

√ 남방 쪽은 기온이 높아도 습도로 인해 쌀쌀하여 실내·외 온도 차가 크며, 난방기구가 없음.

√ 멀티 어댑터(중국은 A·C·I형 혼재)

√ 100wh 이하 보조배터리, 중국 안전 마크(CCC/3C) 유무

✧ 여행이 즐거워지는 기본 표현 

1. 기본 인사말 (track 00-01)

❶ 만났을 때 인사

안녕하세요!	안녕하세요! [존칭]
니 하오 Nǐ hǎo! 你好!	닌 하오 Nín hǎo! 您好!
좋은 아침입니다!	좋은 오후입니다!
자오샹 하오 Zǎoshang hǎo! 早上好!	씨아우 하오 Xiàwǔ hǎo! 下午好!
좋은 저녁입니다!	
완샹 하오 Wǎnshang hǎo! 晚上好!	

❷ 헤어질 때 인사

또 만나요!	잘 가!
짜이찌엔 Zàijiàn! 再见!	바이바이 Báibái! 拜拜!

❸ 감사 표현

고마워요!	감사합니다!
씨에씨에 Xièxie! 谢谢!	간씨에 Gǎnxiè! 感谢!

❹ 사과 표현

죄송합니다.	미안합니다. [정중한 표현]
뚜(에)이부치 Duìbuqǐ. 对不起。	빠오치엔 Bàoqiàn. 抱歉。

❺ 감사 및 사과 표현에 대한 대답 표현

천만에요.	괜찮습니다.
부 커치 Bú kèqi. 不客气。	메이 꾸안시 Méi guānxi. 没关系。

2. 인칭대명사&지시대명사 (track 00-02)

	나, 저	우리(들)	당신, 귀하		이(것)	여기
1 인칭	워 wǒ 我	워먼 wǒmen 我们		가까운 거리	쩌(거) zhè(ge) 这(个)	쩌리 zhèli 这里
2 인칭	니 nǐ 你	니먼 nǐmen 你们	닌 nín 您	조금 먼 거리	나(거) nà(ge) 那(个)	나리 nàli 那里
3 인칭	그 타 tā 他	그들 타먼 tāmen 他们		불특정을 가리키는 의문대명사	나(거) nǎ(ge) 哪个	어디 나리 nǎli 哪里
	그녀 타 tā 她	그녀들 타먼 tāmen 她们				
	그것 타 tā 它	그것들 타먼 tāmen 它们				

*사물·동물을 가리킴

3. 호칭 (track 00-03)

	멋진 오빠		미녀
불특정 남자	슈아이꺼 shuàigē 帅哥	불특정 여자	메이뉘 měinǚ 美女
	기사님		종업원
그 일에 숙달된 사람	스푸 shīfu 师傅	음식점 직원	푸우위엔 fúwùyuán 服务员

4. 숫자 (track 00-04)

중국 사람들은 숫자를 말할 때, 손가락으로 나타내는 습관이 있어요. 물건을 살 때, 손가락 모양으로 가격을 알아채 보세요!

1 이 yī 一	2 얼 èr 二	3 싼 sān 三	4 쓰 sì 四	5 우 wǔ 五
6 리(어)우 liù 六	7 치 qī 七	8 빠 bā 八	9 지(어)우 jiǔ 九	10 스 shí 十
20 얼스 èrshí 二十	100 이바이 yìbǎi 一百	200 리앙바이 liǎngbǎi 两百 / 얼바이 èrbǎi 二百	1,000 이치엔 yìqiān 一千	2,000 리앙치엔 liǎngqiān 两千

5. 시제&날짜&요일 (track 00-05)

그저께	어제	오늘	내일	모레	월	일
치엔티엔 qiántiān 前天	주어티엔 zuótiān 昨天	찐티엔 jīntiān 今天	밍티엔 míngtiān 明天	허우티엔 hòutiān 后天	위에 yuè 月	하오/르 hào/rì 号/日
월요일	화요일	수요일	목요일	금요일	토요일	일요일
싱치이 xīngqīyī 星期一	싱치얼 xīngqī'èr 星期二	싱치싼 xīngqīsān 星期三	싱치쓰 xīngqīsì 星期四	싱치우 xīngqīwǔ 星期五	싱치리(어)우 xīngqīliù 星期六	싱치티엔/르 xīngqītiān/rì 星期天/日
쩌우이 zhōuyī 周一	쩌우얼 zhōu'èr 周二	쩌우싼 zhōusān 周三	쩌우쓰 zhōusì 周四	쩌우우 zhōuwǔ 周五	쩌우리(어)우 zhōuliù 周六	쩌우르 zhōurì 周日

6. 시간 (track 00-06)

시	분	분[소요 시간]		
디엔 diǎn 点	펀 fēn 分	펀종 fēnzhōng 分钟		
아침	오전	정오	오후	저녁
자오샹 zǎoshang 早上	샹우 shàngwǔ 上午	쫑우 zhōngwǔ 中午	씨아우 xiàwǔ 下午	완샹 wǎnshang 晚上

7. 방위사 (track 00-07)

위	안	아래	앞	뒤	맞은편
쌍미엔 shàngmiàn 上面	리미엔 lǐmiàn 里面	씨아미엔 xiàmiàn 下面	치엔미엔 qiánmiàn 前面	허우미엔 hòumiàn 后面	뚜(에)이미엔 duìmiàn 对面
오른쪽	왼쪽	옆	근처		
여우삐엔 yòubiān 右边	주어삐엔 zuǒbiān 左边	팡삐엔 pángbiān 旁边	푸찐 fùjìn 附近		

24

8. 돈 (track 00-08)

중국의 공식 화폐 단위는 위안화(RMB, 人民币 rénmínbì)예요. 단위는 1 元 > 10 毛 > 100 分이지만, 여행 중에 分은 거의 사용하지 않으며, 위안 yuán 元, 쿠아이 kuài 块, 마오 máo 毛만 알면 충분해요. 중국에서 공식적으로는 元, 실제 말할 때는 块를 더 많이 써요. 여행 중에 块가 나오면 위안, 毛가 나오면 소수 단위라는 것만 기억해서 숫자를 잘 듣고 결제하면 돼요.

의미	표기	읽는 법	
5 위안	5元	우 위앤 wǔ yuán 五元	우 쿠아이 wǔ kuài 五块
8.2 위안	8.2元	빠 쿠아이 얼 (마오) bā kuài èr (máo) 八块二(毛)	
10 위안	10.0元	스 쿠아이 shí kuài 十块	

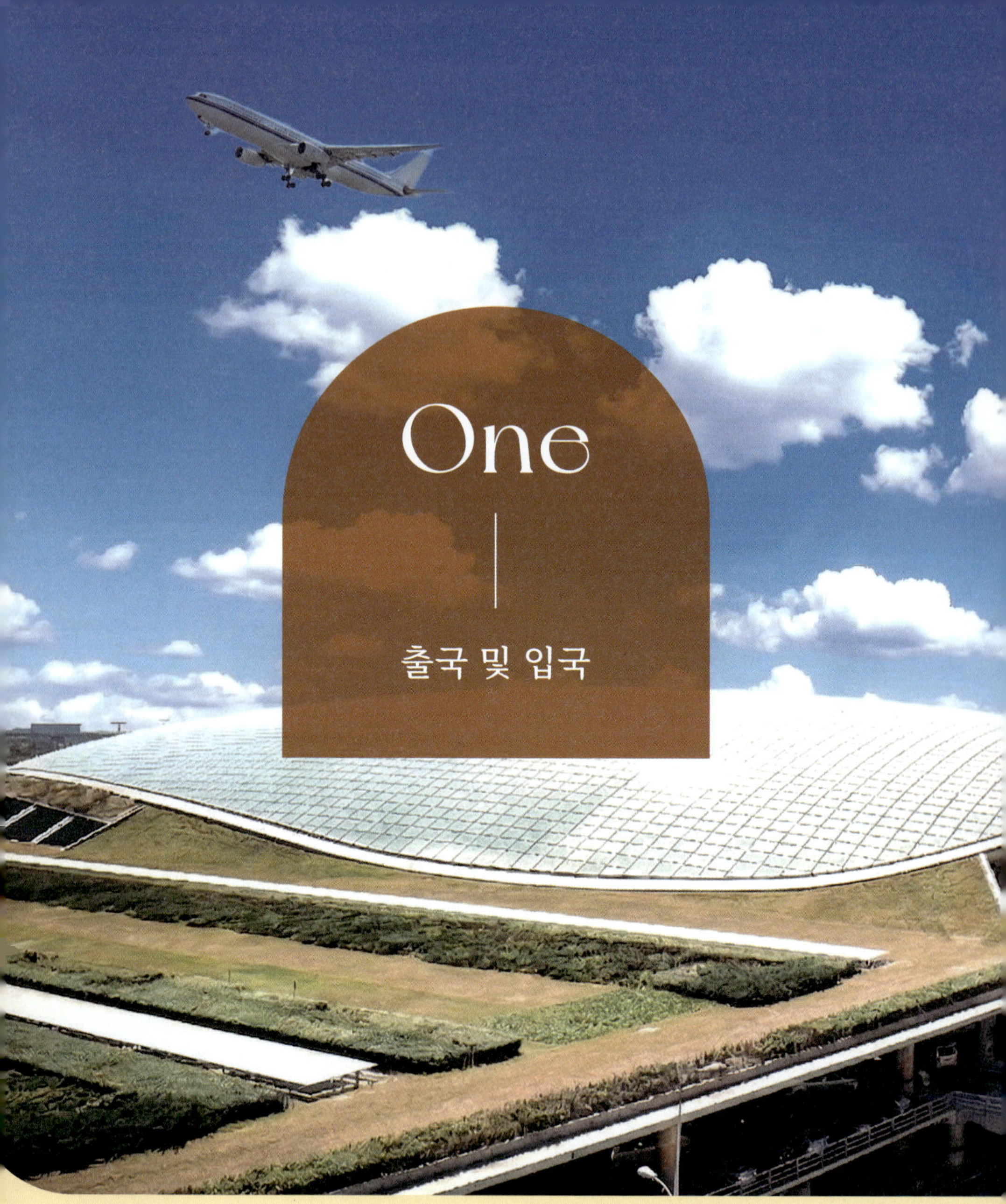

One

출국 및 입국

낮선 도시에서 숙소로 이동할 때, 교통수단 선택은 여행의 첫인상을 좌우해요. 편하게 가고 싶다면 택시가 좋지만, 중국은 교통망이 잘 발달해 있고 금액도 상당히 저렴하기에 현지 분위기를 느끼며 이동하려면 버스나 지하철도 좋아요. 택시 탔을 때 트렁크를 부탁하거나, 대중교통 정류장을 물어보는 간단한 표현을 모았어요!

 **추천 장소**

중국의 수도 베이징(北京, 북경)의 공항 베이징 수도 국제공항(北京首都国际机场)은 터미널 규모가 어마어마하답니다. 처음 방문하는 사람들은 길을 잃기 쉽지만, 생각보다 안내표가 보기 쉽게 잘 되어 있어 여행할 때 굉장히 편해요! 베이징뿐 아니라 상하이 푸동(浦东)공항, 광저우 바이윈(白云)공항 등 대도시 공항들도 규모와 시설이 훌륭해서 공항 도착부터 중국의 스케일을 느낄 수 있어요!

기내

#1. 기내에서 담요 요청하기 track 01-01

담요 있나요?
여우 탄즈 마
Yǒu tǎnzi ma?
有毯子吗?

네 (있어요), 몇 개 드릴까요?
여우 야오 지 티아오
Yǒu, yào jǐ tiáo?
有，要几条?

하나요.
야오 이 티아오
Yào yì tiáo.
要一条。

네, 바로 가져다 드릴게요.
하오 더 마샹 게이 닌 나
Hǎo de, mǎshàng gěi nín ná.
好的，马上给您拿。

words)

有 yǒu 동 있다 / 毯子 tǎnzi 명 담요 / 要 yào 동 원하다, 필요하다 / 几 jǐ 대 몇 / 条 tiáo 양 가늘고 긴 것을
세는 단위 / 好的 hǎo de 알겠습니다 / 马上 mǎshàng 부 곧, 바로 / 给 gěi 동 ~에게 주다 / 拿 ná 동 들다,
가져오다 / 给您拿 gěi nín ná (공손하게) 가져다 드리다

#2. 입국 신고서 작성하기 (track 01-02)

입국 신고서 필요하세요?
쉬야오 루찡 카 마
Xūyào rùjìng kǎ ma?
需要入境卡吗?

네, 펜 하나 빌려 주실 수 있을까요?
야오 더 커이 찌에 게이 워 이 즈 비 마
Yào de, kěyǐ jiè gěi wǒ yì zhī bǐ ma?
要的，可以借给我一支笔吗?

이건 어떻게 쓰면 되나요?
쩌거 전머 티엔
Zhège zěnme tián?
这个怎么填?

여기까지만 작성하시면 돼요.
티엔따오 쩌리 찌(어)우 커이
Tiándào zhèli jiù kěyǐ.
填到这里就可以。

---

words)

需要 xūyào 동 필요하다 / 入境卡 rùjìng kǎ 명 입국 신고서 / 可以 kěyǐ 조동 ~해도 된다 / 借 jiè 동 빌리
다 / 支 zhī 양 펜·연필처럼 가늘고 긴 물건을 세는 단위 / 笔 bǐ 명 펜 / 这个 zhège 대 이, 이것 / 填到
tiándào (서류를) 작성하다, 기입하다 / 这里 zhèli 대 여기 / 就 jiù 부 바로, 곧 / 可以 kěyǐ 형 좋다, 괜찮다

자주 쓰이는 표현을 다양한 어휘로 연습해 봐요!

1 바로 ~(하다). (track 01-03)

마샹
Mǎshàng　　.
马上　　。

삐개 하나를 주다
게이 닌 이 거 젼터우
gěi nín yí ge zhěntou
给您一个枕头

짐을 올리다
바 싱리 팡 샹취
bǎ xíngli fàng shàngqu
把行李放上去

2 ~(이) 필요하세요? (track 01-04)

쉬야오　　　　**마**
Xūyào　　　　ma?
需要　　　　吗?

다른 것
비에 더
bié de
别的

한 장 더
짜이 라이 이 쟝
zài lái yì zhāng
再来一张

중국 기내식 식사와 음료 종류를 알아봐요! (track 01-05)

닭고기 덮밥 / 면
찌러우 미판 / 미엔티아오
jīròu mǐfàn / miàntiáo
鸡肉米饭 / 面条

소고기 덮밥 / 면
니(어)우러우 미판 / 미엔티아오
niúròu mǐfàn / miàntiáo
牛肉米饭 / 面条

1 **커피 카페이**
咖啡 kāfēi

2 **탄산음료 치쉐이**
汽水 qìshuǐ

3 **주스 구어즈**
果汁 guǒzhī

4 **차 챠**
茶 chá

#1. 중국인 대화

기내에서 승무원이 요청할 수 있는 표현을 알아볼게요! (track 01-06)

의자 등받이와 테이블은 올려 주세요.

칭 바 쭈어이 카오뻬이 허 시아오 쮸어반 셔우 치라이

Qǐng bǎ zuòyǐ kàobèi hé xiǎo zhuōbǎn shōu qǐlai.

请把座椅靠背和小桌板收起来。

이 칸은 꼭 작성해 주세요.

쩌 이 란 이띵 야오 티엔시에

Zhè yì lán yídìng yào tiánxiě.

这一栏一定要填写。

words)

把 bǎ 전 ~을(를) / 座椅 zuòyǐ 명 좌석, 의자 / 靠背 kàobèi 명 등받이 / 小桌板 xiǎo zhuōbǎn 명 (기내) 접이식 테이블 / 收起来 shōu qǐlai 접어 올리다, 정리하다 / 一栏 yì lán 한 칸, 항목 / 一定 yídìng 부 반드시, 꼭 / 填写 tiánxiě 동 (서류·양식에) 작성하다

#2. 여행자 대화

기내에서 요청할 수 있는 표현을 알아볼게요! (track 01-07)

이어폰 하나 주실 수 있을까요?

커이 게이 워 이 거 얼찌 마

Kěyǐ gěi wǒ yí ge ěrjī ma?

可以给我一个耳机吗?

(기내) 화면이 안 보여요.

칸 부 따오 후아미엔

Kàn bu dào huàmiàn.

看不到画面。

words)

看到 kàndào 보다 / 画面 huàmiàn 명 화면

입국 신고서 내용을 확인하면서 작성해 보세요!

国家移民管理局 National Immigration Administration.PRC

外国人入境卡 ARRIVAL CARD

请使用中文或英文清楚填写 Please complete clearly in Chinese or English

姓 Surname	성		性别 Sex	男 Male ☐ 女 Female ☐	성별
名 Given names	이름		国籍 Nationality	국적	
出生日期 Date of birth	생년월일 Y Y Y Y M M D D		中文姓名(请用中文填写) Chinese name (if there is one)	한자 이름	
旅行证件号码 Passport No.	여권 번호		签证号码 Visa No.	비자 번호 免签 Visa-Free ☐	면제 시 체크

抵达航班/车次/船名 Arrival Flight No./ Train No./ Vessel Name 항공편

入境事由 Purpose of this trip

外交/公务 Diplomacy Official ☐　访问/商务 Visiting Business ☐　定居 Permanent Residence ☐

本人电话号码 Personal phone No. 본인 전화 번호

工作 Employment ☐　学习 Study 〔유학〕☐　旅游 Tourism 〔여행〕☐

在华经停和目的城市 Cities intended to visit in China 방문 도시

探索 Visiting Relatives ☐　过境 Transit ☐　其他 Others ☐

방문/ 비즈니스

在华住址或旅馆名称 Detailed address or hotel name while in China 주소나 호텔 이름 ， 市 City 숙소 도시

请翻至背面继续填写。Please continue filling on the backside.

【提问事项】[Questions]

1.您是否定妥出境行程? 如是, 请填写具体安排。 是 Yes ☐ 否 No ☐

출국 일정이 정해져 있다면, 구체적으로 적으세요.

出境时间 Date of departure 출국 시간

出端航班/车次船名 Departure Flight No. / Train No. / Vessel Name 항공편 번호

2.您是否有中方邀请单位或邀请人? 如有, 请填写其联系信息。 是 Yes ☐ 否 No ☐

중국에서 초대한 사람이 있다면, 연락처를 적으세요.

名称 Name 이름

地址及联系电话 Address and Contact No. 주소 및 연락처

3.您在过去两年曾去过哪些国家(地区)?
Which countries and regions have you ever been to in the past two years ?

2년 내 방문한 나라가 있나요?

我保证以上申明真实准确 知晓如不如实申报将承担相应法律责任。
I hereby declare that the statement above is true and accurate, otherwise I will bear the corresponding legal responsibility.

签名 Signature 서명

입국 수속

안녕하세요. 여권과 비자를 준비해 주세요.
닌 하오 칭 츄쓰 닌 더 후짜오 허 치엔쩡
Nín hǎo, qǐng chūshì nín de hùzhào hé qiānzhèng.
您好，请出示您的护照和签证。

네, 여기요.
하오 더 게이 닌
Hǎo de, gěi nín.
好的，给您。

중국에 얼마나 머무르실 계획이신가요?
닌 짜이 쫑구어 다쑤안 따이 뚜어 지(어)우
Nín zài Zhōngguó dǎsuàn dāi duō jiǔ?
您在中国打算待多久？

3박 4일이요.
쓰 티엔 싼 완
Sì tiān sān wǎn.
四天三晚。

words)

出示 chūshì 통 제시하다, 보여주다 / 护照 hùzhào 명 여권 / 签证 qiānzhèng 명 비자 / 在 zài 전 ~에서 /
打算 dǎsuàn 통 계획하다 / 待 dāi 통 머무르다 / 多久 duō jiǔ 얼마나 오래

#2. 수하물이 나오지 않을 경우

track 02-02

제 짐이 아직 안 나왔어요.
워 더 싱리 하이 메이 츄라이
Wǒ de xíngli hái méi chūlái.
我的行李还没出来。

어느 항공편으로 오셨어요?
닌 쓰 쭈어 나 이 빤 항빤 라이 더
Nín shì zuò nǎ yì bān hángbān lái de?
您是坐哪一班航班来的？

KE 항공편이요.
쓰 케이이 더 항빤
Shì KE de hángbān.
是KE的航班。

네, 한번 확인해 보겠습니다.
하오 더 워 빵 닌 챠 이씨아
Hǎo de, wǒ bāng nín chá yíxià.
好的，我帮您查一下。

words

行李 xíngli 몡 짐, 수하물 / 没出来 méi chūlái 나오지 않았다 / 坐 zuò 통 타다 / 哪 nǎ 때 어느 / 班 bān 양 교통 기관의 운행표를 세는 단위 / 航班 hángbān 몡 항공편 / 查 chá 통 찾아보다 / 一下 yíxià 수량 좀, 한번

자주 쓰이는 표현을 다양한 어휘로 연습해 봐요!

1 중국에 ~ 머무르실 계획이신가요? (track 02-03)

닌 짜이 쭁구어 다쑤안 따이 ?

Nín zài Zhōngguó dǎsuàn dāi ?

您在中国打算待 ?

며칠
지 티엔
jǐ tiān
几天

몇 박
지 완
jǐ wǎn
几晚

2 내가 당신을 도와 ~. (track 02-04)

워 빵 닌

Wǒ bāng nín .

我帮您 。

좀 준비하다
쥰뻬이 이씨아
zhǔnbèi yíxià
准备一下

좀 찾다
쟈오 이씨아
zhǎo yíxià
找一下

입국 심사 가는 길 중국 공항 내 안내 표현을 알아봐요! (track 02-05)

수하물 수취 거리 약 50미터
쮜 싱리 티취 위에 우스 미
jù xíngli tíqǔ yuē wǔshí mǐ
距行李提取约五十米

국내선으로 갈아 타다
쮜안 청 구어네이 항빤
zhuǎn chéng guónèi hángbān
转乘国内航班

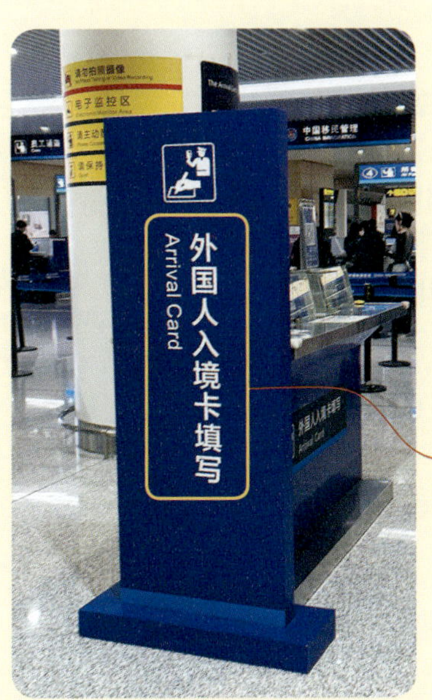

외국인 입국 신고서 작성
와이구어런 루찡 카 티엔시에
wàiguórén rùjìng kǎ tiánxiě
外国人入境卡填写

#1. 중국인 대화

공항에서 수하물 분실 문의 시 중국인의 질문 표현을 알아볼게요! (track 02-06)

수하물 번호표 있으세요?

여우 싱리 파이 마
Yǒu xíngli pái ma?
有行李牌吗?

항공편 정보 좀 보여주실 수 있나요?

커이 게이 워 칸 이씨아 항빤 씬시 마
Kěyǐ gěi wǒ kàn yíxià hángbān xìnxī ma?
可以给我看一下航班信息吗?

words)

行李牌 xíngli pái 수하물 번호표 / 给我看 gěi wǒ kàn 나에게 보여주다 / 航班信息 hángbān xìnxī 항공편 정보

#2. 여행자 대화

입국 심사를 받을 때 요청할 수 있는 표현을 알아볼게요! (track 02-07)

천천히 말씀해 주실 수 있을까요?

커이 슈어 만 이디얼 마
Kěyǐ shuō màn yìdiǎnr ma?
可以说慢一点儿吗?

다시 한번 말씀해 주실 수 있을까요?

커이 짜이 슈어 이 삐엔 마
Kěyǐ zài shuō yí biàn ma?
可以再说一遍吗?

words)

一点儿 yìdiǎnr 수량 조금, 좀 / 再说一遍 zài shuō yí biàn 다시 한번 말하다

수하물 찾으러 가는 길 중국 공항 내 안내 표현을 알아봐요! （track 02-08）

도착 / 환승 경유
따오다 / 쫑쥬안 리엔청
dàodá / zhōngzhuǎn liánchéng
到达 / 中转联程

수하물 수취 / 환승
싱리 티취 / 쫑쥬안
xíngli tíqǔ / zhōngzhuǎn
行李提取 / 中转

장비가 수시로 움직이니, 안으로 들어가지 마세요!
셔뻬이 수(에)이스 치똥 찐즈 루 네이
Shèbèi suíshí qǐdòng, jìnzhǐ rù nèi!
设备随时启动，禁止入内！

✦ **알아두기**

기대거나 잡고 올라가지 마세요!
칭 우 이카오 찐즈 판 파
Qǐng wù yǐkào, jìnzhǐ pān pá!
请勿倚靠，禁止攀爬！

공항 내 택시 이용

#1. 택시 기사님께 픽업 위치 묻기　track 03-01

기사님, 어디에 계세요?
스푸 닌 짜이 날
Shīfu, nín zài nǎr?
师傅，您在哪儿？

출구에서 팻말을 들고 기다릴게요.
워 후(웨)이 짜이 츄커우 쥐 파이 찌에 니
Wǒ huì zài chūkǒu jǔ pái jiē nǐ.
我会在出口举牌接你。

아마 조금 늦을지도 몰라요. 제가 다시 연락드릴게요.
커넝 후(웨)이 완 이디얼 워 짜이 리엔씨 닌
Kěnéng huì wǎn yìdiǎnr, wǒ zài liánxì nín.
可能会晚一点儿，我再联系您。

알겠습니다.
하오 더
Hǎo de.
好的。

words)

师傅 shīfu 명 기사님[호칭] / 哪儿 nǎr 대 어디 / 会 huì 조동 ~할 것이다 / 出口 chūkǒu 명 출구 / 举 jǔ 동
들어 올리다 / 牌 pái 명 간판 / 接 jiē 동 마중하다 / 可能 kěnéng 조동 아마 ~일지도 모른다 / 晚 wǎn 형
늦다 / 再 zài 부 다시, 또 / 联系 liánxì 동 연락하다

#2. 공항 내 택시 대기 위치 묻기 (track 03-02)

예약 택시 대기 구역은 어디에 있나요?

왕위에 쳐 덩따이 취 짜이 날

Wǎngyuē chē děngdài qū zài nǎr?

网约车等待区在哪儿?

✧ **알아두기**

负는 마이너스(-), 음수라는 의미로
공간 개념에서는 뒤에 숫자를 넣어
지하층을 표현할 때 써요!

승강기 타시면, 지하 2층에 있어요.

쭈어 즈티 짜이 푸 얼 러우

Zuò zhítī, zài fù èr lóu.

坐直梯，在负二楼。

감사합니다!

씨에씨에

Xièxie!

谢谢!

words

网约车 wǎngyuē chē (인터넷으로) 사전 예약 차 / 等待区 děngdài qū 대기 구역 / 直梯 zhítī 명 승강기 /
负二楼 fù èr lóu 지하 2층 / 谢谢 xièxie 고맙습니다

자주 쓰이는 표현을 다양한 어휘로 연습해 봐요!

1 (아마) ~일지도 몰라요. (track 03-03)

커넝 후(에)이

Kěnéng huì

可能会

조금 이르다
자오 이디얼
zǎo yìdiǎnr
早一点儿

조금 늦다
만 이디얼
màn yìdiǎnr
慢一点儿

2 ~은 어디에 있나요? (track 03-04)

짜이 날
zài nǎr?
在哪儿?

셔틀버스 승강장
찌에보어 쳐 짠
Jiēbó chē zhàn
接驳车站

공항 급행 열차
찌챵 쿠아이씨엔
Jīchǎng kuàixiàn
机场快线

✦ 여행에 유리한 어휘 ❶

앱으로 예약한 택시의 대기 구역 안내 표현을 알아봐요! (track 03-05)

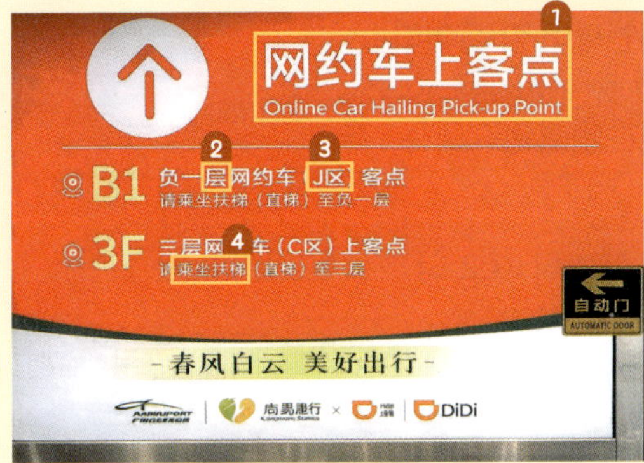

❶

예약차 손님이 타는 곳

왕위에 쳐 쌍 커 디엔

wǎngyuē chē shàng kè diǎn

网约车上客点

❷

층 청

层 céng

❸

J 구역 제이 취

J区 j qū

❹

에스컬레이터를 타다

청쭈어 푸티

chéngzuò fútī

乘坐扶梯

예약 손님 맞이 구역

위위에 잉커 취

yùyuē yíngkè qū

预约迎客区

#1. 여행자 대화

대기 중인 택시 기사님을 만나기 위해 필요한 표현을 알아볼게요! (track 03-06)

지금 방금 착륙했어요.

씨엔짜이 깡 루어띠
Xiànzài gāng luòdì.
现在刚落地。

제가 그리로 갈게요.

워 꾸어취 쟈오 니
Wǒ guòqù zhǎo nǐ.
我过去找你。

words)

现在 xiànzài 명 지금, 현재 / 刚 gāng 부 막, 바로 / 落地 luòdì 동 착륙하다 / 过去 guòqù 동 건너가다

#2. 여행자 대화

공항에서 손님을 호객하는 택시 기사에게 거절하는 표현을 알아볼게요! (track 03-07)

**괜찮아요,
이미 차 불렀어요.**

부용 러 이징 찌아오 쳐 러
Búyòng le, yǐjīng jiào chē le.
不用了，已经叫车了。

**괜찮아요, 친구가
데리러 와요.**

부용 러 워 펑여우 라이 찌에 워 러
Búyòng le, wǒ péngyou lái jiē wǒ le.
不用了，我朋友来接我了。

words)

不用了 búyòng le 괜찮습니다, 필요 없어요 / 已经 yǐjīng 부 이미, 벌써 / 叫 jiào 동 부르다 /
车 chē 명 차 / 朋友 péngyou 명 친구

✧ 여행에 유리한 어휘 ②

디디 츄싱 앱으로 예약하려는 택시를 검색했을 때 나오는 내용을 살펴봐요! (track 03-08)

최저가 (차량)
찡시 터찌아
jīngxǐ tèjià
惊喜特价

일반 할인 택시
터후(에)이 쿠아이쳐
tèhuì kuàichē
特惠快车

충칭 택시
총칭 신 츄주
Chóngqìng xīn chūzū
重庆新出租

택시
츄주쳐
chūzūchē
出租车

디디 전용 우선 배차 (차량)
디디 터쿠아이
Dīdī tèkuài
滴滴特快

디디 프리미엄 차량
디디 쮸안쳐
Dīdī zhuānchē
滴滴专车

Two

숙소 이동

류리쌤 브이로그

낯선 도시에서 숙소로 이동할 때, 교통수단 선택은 여행의 첫인상을 좌우해요. 편하게 가고 싶다면 택시가 좋지만, 중국은 교통망이 잘 발달해 있고 금액도 상당히 저렴하기에 현지 분위기를 느끼며 이동하려면 버스나 지하철도 좋아요. 택시 탔을 때 트렁크를 부탁하거나, 대중교통 정류장을 물어보는 간단한 표현을 모았어요!

추천 장소

중국 첫 여행으로 가장 많이 가는 도시 상하이(上海, 상해)! 중국 경제와 문화의 중심지로, 세계 각국의 여행객들이 모이는 활기찬 도시죠. 특히 와이탄(外滩) 야경과 동방명주, 디즈니랜드 등 볼거리가 많은데요. 택시를 통해 가까운 곳들은 편하게 다 이동할 수 있고, 특히 푸동 공항에서 시내까지 가는 마그레브(자기부상열차)도 꼭 타보세요. 무지 빠르고 저렴하게 이동할 수 있어요!

택시 탑승

공항 바깥쪽으로 나오면, 제가 바로 보여요.

왕 찌챵 와이 저우 닌 찌(어)우 칸따오 워 러

Wǎng jīchǎng wài zǒu, nín jiù kàndào wǒ le.

往机场外走，您就看到我了。

보여요, 지금 갈게요.

칸따오 러 워 씨엔짜이 꾸어취

Kàndào le, wǒ xiànzài guòqù.

看到了，我现在过去。

(택시 탑승 후 휴대폰 번호 끝 4자리를 말해요.)

1234요.

야오 얼 싼 쓰

Yāo èr sān sì.

幺二三四。

휴대폰 번호 1은
야오
Yāo
幺
로 읽어요!

네.

하오 더

Hǎo de.

好的。

---

words)

往 wǎng 젠 ~쪽을 향해 / 机场 jīchǎng 명 공항 / 外 wài 명 바깥 / 幺 yāo 수 숫자 1[전화 번호·객실 번호 등에서 一 대신 사용]

#2. 기사님께 트렁크 열어 달라고 부탁하기

track 04-02

트렁크 좀 열어주실 수 있나요?
커이 카이 이씨아 허우뻬이시앙 마
Kěyǐ kāi yíxià hòubèixiāng ma?
可以开一下后备箱吗?

잠시만 기다려 주세요.
샤오 덩 이씨아
Shāo děng yíxià.
稍等一下。

제가 대신 옮겨드릴게요.
워 빵 닌 빤 이씨아
Wǒ bāng nín bān yíxià.
我帮您搬一下。

감사합니다!
씨에씨에
Xièxie!
谢谢!

words)

开 kāi 동 열다 / 一下 yíxià 부 잠깐, 좀[동작을 짧은 시간에 표현] / 后备箱 hòubèixiāng 명 트렁크 / 稍等
shāo děng 잠깐 기다리다 / 帮 bāng 동 돕다 / 搬 bān 동 옮기다

자주 쓰이는 표현을 다양한 어휘로 연습해 봐요!

① 바로 ~이 보일 거예요. (track 04-03)

닌 찌(어)우 칸따오 　　　　　 러

Nín jiù kàndào 　　　　　 le.

您就看到 　　　　　 了。

신호등
홍뤼떵
hónglǜdēng
红绿灯

쇼핑몰(백화점)
샹챵
shāngchǎng
商场

② ~ 주실 수 있나요? (track 04-04)

커이 　　　　　 마

Kěyǐ 　　　　　 ma?

可以 　　　　　 吗?

창문 좀 열다
카이 이씨아 츄앙후
kāi yíxià chuānghu
开一下窗户

문을 좀 닫다
꾸안 이씨아 먼
guān yíxià mén
关一下门

탑승한 택시 안에는 어떤 안내 표현이 있는지 알아봐요! (track 04-05)

1

음식 섭취 금지
찐즈 인스
jìnzhǐ yǐnshí
禁止饮食

2

흡연 금지
찐즈 시옌
jìnzhǐ xīyān
禁止吸烟

3

쓰레기를 버리지 마세요
찐즈 루안 렁 라지
jìnzhǐ luàn rēng lājī
禁止乱扔垃圾

1. 차에서 음식물을 드시면 안 되며, 차내를 깨끗하게 유지해 주세요
   车内请勿吃东西，请保持车内整洁

2. 우측으로 내리고, 문은 살살 닫아 주세요. 뒤에 차나 사람이 오는지
   주의하세요
   右方下车，轻关车门，请注意后方来车行人

3. 흡연은 금지이며, 의자 등받이를 발로 밟지 마세요. 내리실 때 소지품을
   잘 챙겨 주세요
   请勿吸烟，请勿脚踩座椅靠背，下车请带好随身物品

#1. 중국인 대화

택시 탑승 후 기사님이 요청할 수 있는 표현을 알아볼게요! (track 04-06)

휴대폰 번호 끝 4자리를 말씀해 주세요.

빠오 이씨아 닌 셔우지 웨이하오 허우 쓰 웨이
Bào yíxià nín shǒujī wěihào hòu sì wèi.
报一下您手机尾号后四位。

앞에 차가 막혀서 다른 길로 가도 돼요?

치엔미엔 두쳐 워먼 후안 티아오 루 싱 마
Qiánmiàn dǔchē, wǒmen huàn tiáo lù, xíng ma?
前面堵车，我们换条路，行吗？

words)

报 bào 통 말하다 / 手机 shǒujī 명 휴대폰 / 尾号 wěihào 명 끝번호 / 位 wèi 명 (숫자) 자리 /
前面 qiánmiàn 명 앞 / 堵车 dǔchē 통 차가 막히다 / 换 huàn 통 바꾸다 / 路 lù 명 길

#2. 여행자 대화

택시 기사님께 요청할 수 있는 표현을 알아볼게요! (track 04-07)

짐이 무거워서 혼자서는 못 옮기겠어요.

싱리 여우디얼 쫑 워 이 거 런 나 부 똥
Xíngli yǒudiǎnr zhòng, wǒ yí ge rén ná bu dòng.
行李有点儿重，我一个人拿不动。

저 목적지 좀 변경할게요.

워 시(어)우가이 무띠 띠 러
Wǒ xiūgǎi mùdì dì le.
我修改目的地了。

words)

有点儿 yǒudiǎnr 부 조금 / 重 zhòng 형 무겁다 / 一个人 yí ge rén 혼자 / 拿不动 ná bu dòng 옮길 수
없다 / 修改 xiūgǎi 통 변경하다 / 目的地 mùdì dì 명 목적지

앱으로 호출해서 탑승한 택시 영수증 내용을 살펴봐요! (track 04-08)

❶

기본 요금 치뿌찌아
起步价 qǐbùjià

거리 비용 리청 페이
里程费 lǐchéng fèi

시간 비용 스챵 페이
时长费 shícháng fèi

장거리 비용 위엔투 페이
远途费 yuǎntú fèi

❷

총 금액 종 찐어
总金额 zǒng jīn'é

할인 적용 전 금액
여우후(에)이 치엔 찐어
yōuhuì qián jīn'é
优惠前金额

할인 금액
여우후(에)이 찐어
yōuhuì jīn'é
优惠金额

❸

운행 후 기사 수익
라오똥 빠오쳐우
láodòng bàochóu
劳动报酬

대중교통 타기

#1. 지하철 탑승 전 확인하기 track 05-01

저 말씀 좀 물을게요.
니 하오 칭원 이씨아
Nǐ hǎo, qǐngwèn yíxià.
你好，请问一下。

이거 타면 인민광장 역으로 가나요?
쭈어 쩌거 따오 런민 구앙챵 짠 마
Zuò zhège dào Rénmín Guǎngchǎng zhàn ma?
坐这个到人民广场站吗？

맞아요.
뚜(에)이
Duì.
对。

난징동루 역에서 2호선으로 환승하셔야 해요.
야오 짜이 난찡 똥루 짠 후안청 얼 하오 씨엔
Yào zài Nánjīng Dōnglù zhàn huànchéng èr hào xiàn.
要在南京东路站换乘二号线。

words

你好 nǐ hǎo 저기요[지나가는 행인에게 말을 걸 때도 사용함] / 请问 qǐngwèn 통 말씀 좀 묻겠습니다 / 到 dào 통 도착하다 / 站 zhàn 명 역 / 要 yào 조동 ~해야 한다 / 换乘 huànchéng 통 환승하다 / 号线 hào xiàn 호선

#2. 버스 노선/정류장 확인하기

track 05-02

저 말씀 좀 물을게요.
니 하오 칭원 이씨아
Nǐ hǎo, qǐngwèn yíxià.
你好，请问一下。

5번 버스는 여기서 타나요?
우 루 쳐 짜이 쩔 쭈어 마
Wǔ lù chē zài zhèr zuò ma?
五路车在这儿坐吗？

> 버스에서 '~번 버스'를 말할 때엔
> **루 (쳐)**
> **路(车)**
> lù (chē)
> 라고 해요.

아니요, 맞은편이에요.
뿌 짜이 뚜(에)이미엔
Bù, zài duìmiàn.
不，在对面。

감사합니다.
씨에씨에
Xièxie.
谢谢。

words)

路 lù 명 노선 / 这儿 zhèr 대 여기, 이곳 / 对面 duìmiàn 명 맞은편

자주 쓰이는 표현을 다양한 어휘로 연습해 봐요!

1 이거 타면 ~에 가나요? (track 05-03)

쭈어 쪄거 따오   **마**

Zuò zhège dào   ma?

坐这个到   吗?

공항
찌챵
jīchǎng
机场

기차 역
후어쳐 쨘
huǒchē zhàn
火车站

2 ~는/은 여기에서 타나요? (track 05-04)

짜이 쪌 쭈어 마

zài zhèr zuò ma?

在这儿坐吗?

147번 버스
이 쓰 치 루 쳐
Yī sì qī lù chē
一四七路车

1호선
이 하오 씨엔
Yī hào xiàn
一号线

지하철 플랫폼에 적혀있는 표현을 알아봐요! (track 05-05)

❶
강냉방칸
치앙 렁
qiáng lěng
强冷

❷
약냉방칸
루어 렁
ruò lěng
弱冷

❸
고개를 숙이고 휴대폰을 보지 마세요
칭 우 띠터우 칸 셔우지
qǐng wù dītóu kàn shǒujī
请勿低头看手机

❹
줄을 서서 열차를 기다리세요
请依次排队候车
내린 후에 탑승하세요
先下后上
플랫폼과 열차 사이 공간을 주의하세요
注意站台与列车的间隙

지하철 역에서 역무원이 확인할 수 있는 표현을 알아볼게요! (track 05-06)

승차권은 샀어요?

피아오 마이하오 러 마
Piào mǎihǎo le ma?
票买好了吗?

몇 호선 타려고요?

니 야오 쭈어 지 하오 씨엔
Nǐ yào zuò jǐ hào xiàn?
你要坐几号线?

words)

票 piào 명 표, 승차권 / 买好 mǎihǎo 구매를 완료하다 / 要 yào 조동 ~하려고 하다 / 几号线 jǐ hào xiàn 몇 호선

버스 승차 시 물어볼 수 있는 표현을 알아볼게요! (track 05-07)

여기에 태그하면 되나요?

짜이 쪄리 슈아 찌(어)우 커이 마
Zài zhèli shuā jiù kěyǐ ma?
在这里刷就可以吗?

내릴 때 한 번 더 태그해야 하나요?

씨아 쳐 야오 짜이 슈아 이 츠 마
Xià chē yào zài shuā yí cì ma?
下车要再刷一次吗?

words)

刷 shuā 동 태그하다 / 下车 xià chē 차에서 내리다 / 次 cì 양 번, 차례

중국 버스 카드 단말기와 지하철 안내 표현을 알아봐요! (track 05-08)

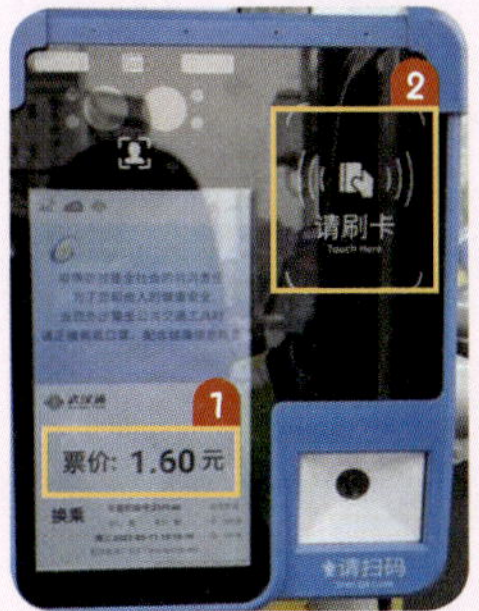

1
표 가격
피아오찌아
piàojià 票价

2
카드를 찍으세요
칭 슈아카
qǐng shuākǎ 请刷卡

3
결제 성공
찌아오이 쳥꽁
jiāoyì chénggōng
交易成功

소비
시아오페이
xiāofèi
消费

4
열차 문이 닫힐 때 타거나 / 내리지 마세요
쳐먼 꾸안삐 스 칭 우 쌍 / 씨아 쳐
chēmén guānbì shí qǐng wù shàng / xià chē
车门关闭时请勿上 / 下车

6
손으로 문을 짚지 마세요
칭 우 푸 먼
qǐng wù fú mén
请勿扶门

5
기대지 마세요
찐즈 이카오
jìnzhǐ yǐkào
禁止倚靠

7
플랫폼 사이를 조심하세요
시아오신 쨘타이 찌엔씨
xiǎoxīn zhàntái jiànxì
小心站台间隙

Three

숙소 체크인

류리쌤 브이로그

낯선 도시에서 숙소로 이동할 때, 교통수단 선택은 여행의 첫인상을 좌우해요. 편하게 가고 싶다면 택시가 좋지만, 중국은 교통망이 잘 발달해 있고 금액도 상당히 저렴하기에 현지 분위기를 느끼며 이동하려면 버스나 지하철도 좋아요. 택시 탔을 때 트렁크를 부탁하거나, 대중교통 정류장을 물어보는 간단한 표현을 모았어요!

추천 장소

중국의 실리콘밸리라 불리는 도시, 선전(深圳, 심천)! 세계적인 IT 기업과 스타트업이 밀집해 있고, 알리바바·텐센트 본사가 있는 곳이죠. 호텔에서 로봇이 룸서비스를 배달해 주는 등 첨단 기술을 일상처럼 경험할 수 있어요. 최근 선전에서 숙박했는데, 진짜 '미래 도시'에 온 듯한 기분이었답니다!

체크인

#1. 호텔 체크인하기 (track 06-01)

안녕하세요, 체크인할게요.
니 하오 루쮸
Nǐ hǎo, rùzhù.
你好，入住。

온라인에서 예약했어요.
짜이 왕쌍 위띵 러
Zài wǎngshàng yùdìng le.
在网上预订了。

네, 여권을 보여주세요.
하오 칭 닌 츄쓰 후쨔오
Hǎo, qǐng nín chūshì hùzhào.
好，请您出示护照。

더블침대 룸으로 3일 예약 맞으시죠?
띵 더 쓰 따츄앙 팡 쮸 싼 완 뚜(에)이 바
Dìng de shì dàchuáng fáng, zhù sān wǎn, duì ba?
订的是大床房，住三晚，对吧？

네.
뚜(에)이
Duì.
对。

words)

入住 rùzhù 동 체크인하다 / 网上 wǎngshàng 온라인, 인터넷 / 预订 yùdìng 동 예약하다 / 大床房
dàchuáng fáng 명 더블침대 룸 / 住 zhù 동 묵다 / 三晚 sān wǎn 3일 밤 / 吧 ba 조 문장 뒤에 붙어 확인
뉘앙스를 나타냄

#2. 보증금 확인하기

(track 06-02)

보증금 필요한가요?
쉬야오 야찐 마
Xūyào yājīn ma?
需要押金吗?

◇ **알아두기**

중국에서 보증금 문화가 점점 줄어들고 있지만 아직 남아있는 곳도 있으니 押金 yājīn을 꼭 기억해주세요!

네, 보증금 1,600 위안 받아요.
쉬야오 셔우 이치엔 리(어)우바이 위앤 더 야진
Xūyào, shōu yìqiān liùbǎi yuán de yājīn.
需要，收一千六百元的押金。

해외 카드로 되죠?
구어찌 인항카 커이 용 바
Guójì yínhángkǎ kěyǐ yòng ba?
国际银行卡可以用吧?

네, 가능합니다.
커이
Kěyǐ.
可以。

words)

押金 yājīn 몡 보증금 / 收 shōu 동 받다 / 国际银行卡 Guójì yínhángkǎ 해외 카드 / 用 yòng 동 쓰다

자주 쓰이는 표현을 다양한 어휘로 연습해 봐요!

1 온라인에서 ~. (track 06-03)

짜이 왕쌍
Zài wǎngshàng
在网上　　　　。

표 예약했어요
띵 피아오 러
dìng piào le
订票了

미리 샀어요
티치엔 마이 러
tíqián mǎi le
提前买了

2 ~이 필요한가요? (track 06-04)

쉬야오 **마**
Xūyào　　　ma?
需要　　　吗?

신분증
션펀쩡
shēnfènzhèng
身份证

여권을 챙기다
따이 후쨔오
dài hùzhào
带护照

호텔 룸 가격 안내 표현을 알아봐요! (track 06-05)

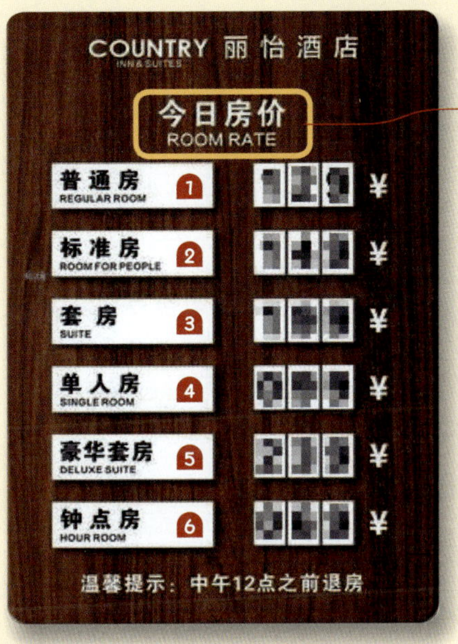

금일 요금
찐르 팡찌아
jīnrì fángjià
今日房价

❶

일반룸
푸통 팡
pǔtōng fáng
普通房

❷

스탠다드룸
삐아오쥰 팡
biāozhǔn fáng
标准房

❸

스위트룸
타오팡
tàofáng
套房

❹

싱글룸
딴런 팡
dānrén fáng
单人房

❺

디럭스 스위트룸
하오후아 타오팡
háohuá tàofáng
豪华套房

❻

시간제 룸
쫑디엔팡
zhōngdiǎnfáng
钟点房

#1. 중국인 대화

체크인 시 직원이 요청 및 말하는 표현을 알아볼게요! (track 06-06)

증명서(신분증)를 보여주세요.

칭 츄쓰 닌 더 쪙찌엔
Qǐng chūshì nín de zhèngjiàn.
请出示您的证件。

숙박비는 이미 다 (사전에) 내셨어요.

닌 팡페이 이징 푸꾸어 러
Nín fángfèi yǐjīng fùguo le.
您房费已经付过了。

words)

证件 zhèngjiàn 몡 증명서[신분증 등] / 房费 fángfèi 몡 숙박비 / 已经 yǐjīng 부 이미, 벌써 / 付过 fùguo 내다, 지불하다

#2. 여행자 대화

체크인 시 조식 관련해서 물어볼 수 있는 표현을 알아볼게요! (track 06-07)

조식 포함되어 있나요?

한 자오(찬) 마
Hán zǎo(cān) ma?
含早(餐)吗?

조식은 몇 시부터 몇 시까지인가요?

자오찬 총 지 디엔 따오 지 디엔
Zǎocān cóng jǐ diǎn dào jǐ diǎn?
早餐从几点到几点?

words)

含 hán 동 포함하다 / 早餐 zǎocān 몡 조식 / 从…到… cóng…dào… ~부터 ~까지 / 点 diǎn 양 시

중국 호텔에 체크인 할 때 필수 항목 보증금 영수증에 있는 표현을 살펴봐요! **track 06-08**

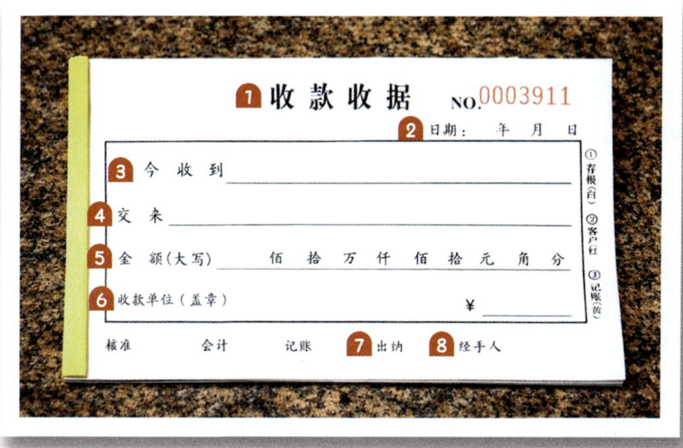

❶

(보증금) 결제 영수증
셔우쿠안 셔우쮜
shōukuǎn shōujù
收款收据

❷

날짜 / 년 / 월 / 일
르치 / 니엔 / 위에 / 르
rìqī / nián / yuè / rì
日期 / 年 / 月 / 日

❸

받는 사람
찐 셔우따오
jīn shōudào
今收到

❹

내는 사람
찌아오 라이
jiāo lái
交来

❺

금액
찐어
jīn'é
金额

❻

결제 업체[호텔명]
셔우쿠안 딴웨이
shōukuǎn dānwèi
收款单位

❼

계산 담당자
츄나
chūnà
出纳

❽

처리 담당자
찡셔우런
jīngshǒurén
经手人

Episode 07 객실 배정 및 확인

고층으로 배정해 주실 수 있나요?
넝 게이 워 러우청 까오 더 팡찌엔 마
Néng gěi wǒ lóucéng gāo de fángjiān ma?
能给我楼层高的房间吗？

한번 확인해 드릴게요.
빵 닌 칸 이씨아
Bāng nín kàn yíxià.
帮您看一下。

20층으로 배정해 드리면 될까요?
게이 닌 안파이 짜이 얼스 러우 커이 마
Gěi nín ānpái zài èrshí lóu, kěyǐ ma?
给您安排在二十楼，可以吗？

좋아요.
커이
Kěyǐ.
可以。

words)

能 néng 조동 ~할 수 있다 / 楼层 lóucéng 명 층 / 高 gāo 형 높다 / 房间 fángjiān 명 방 / 看 kàn 동 보다 /
安排 ānpái 동 배정하다, 안배하다 / 楼 lóu 양 층

#2. 체크인 후 룸 키 받기

(track 07-02)

중국 전화 번호 있으세요?
닌 여우 쫑구어 띠엔후아 하오마 마
Nín yǒu Zhōngguó diànhuà hàomǎ ma?
您有中国电话号码吗？

✧ **알아두기**

중국에서는 위챗으로 실시간 모든 소통을 하기에 중국 전화 번호가 있는지, 위챗이 있는지 체크한답니다!

없어요.
메이여우
Méiyǒu.
没有。

여기 사인 좀 해주세요.
마판 닌 짜이 쪌 치엔 이씨아 밍
Máfan nín zài zhèr qiān yíxià míng.
麻烦您在这儿签一下名。

룸 키 드릴게요.
게이 닌 팡카
Gěi nín fángkǎ.
给您房卡。

words)

电话号码 diànhuà hàomǎ 명 전화 번호 / 没有 méiyǒu 동 없다 / 麻烦 máfan 동 번거롭게 하다 / 在 zài 전 ~에서 / 签名 qiānmíng 동 사인하다 / 房卡 fángkǎ 명 룸 키

자주 쓰이는 표현을 다양한 어휘로 연습해 봐요!

1 ~ 방을 주실 수 있나요? (track 07-03)

넝 게이 워　　　　　　더 팡찌엔 마

Néng gěi wǒ　　　　　　de fángjiān ma?

能给我　　　　　　的房间吗?

창가 쪽

카오 츄앙

kào chuāng

靠窗

좀 조용한

안찡 이디얼

ānjìng yìdiǎnr

安静一点儿

2 번거로우시겠지만 ~ (해 주)세요. (track 07-04)

마판 닌

Máfan nín　　　　　　.

麻烦您　　　　　　。

펜 한 자루 빌려주다

찌에 게이 워 이 즈 비

jiè gěi wǒ yì zhī bǐ

借给我一支笔

룸 키 하나를 더 주다

짜이 게이 워 이 쨩 팡카

zài gěi wǒ yì zhāng fángkǎ

再给我一张房卡

호텔 로비에서 볼 수 있는 층별 안내 표현을 알아봐요! (track 07-05)

호텔 룸 지(어)우띠엔 커팡
酒店客房 jiǔdiàn kèfáng

옥상 정원 콩쫑 후아위엔
空中花园 kōngzhōng huāyuán

차 마시는 곳 챠 콩찌엔
茶空间 chá kōngjiān

호텔 로비 지(어)우띠엔 따탕
酒店大堂 jiǔdiàn dàtáng

芊 식당 치엔 츄
芊厨 Qiān chú

州 카페 쩌우 카페
州Cafe Zhōu Cafe

비즈니스 구역 샹우 취
商务区 shāngwù qū

주차장 팅쳐챵
停车场 tíngchēchǎng

#1. 중국인 대화

객실 배정 시 직원이 요청 및 물어보는 표현을 알아볼게요! (track 07-06)

위챗 있으세요?

닌 여우 웨이씬 마
Nín yǒu Wēixìn ma?
您有微信吗?

연락처 좀 남겨 주세요.

마판 닌 리(어)우 거 띠엔후아 하오마
Máfan nín liú ge diànhuà hàomǎ.
麻烦您留个电话号码。

words)

微信 Wēixìn 명 위챗(중국 메신저·결제 앱) / 留 liú 동 남기다

#2. 여행자 대화

객실 배정 시 요청할 수 있는 표현을 알아볼게요! (track 07-07)

엘레베이터 입구 근처 룸은 주지 마세요.

부야오 띠엔티 커우 푸찐 더 팡찌엔
Búyào diàntī kǒu fùjìn de fángjiān.
不要电梯口附近的房间。

금연룸으로 주세요.

칭 게이 워 이 찌엔 우옌 팡
Qǐng gěi wǒ yì jiān wúyān fáng.
请给我一间无烟房。

words)

不要 búyào 부 ~하지 마라[금지] / 电梯口 diàntī kǒu 엘레베이터 입구 / 附近 fùjìn 명 근처 /
间 jiān 양 방을 세는 양사 / 无烟房 wúyān fáng 금연룸

✧ 여행에 유리한 어휘 ②

호텔 룸 안에 있는 전자제품 기능 및 샤워 용품을 알아봐요! (track 07-08)

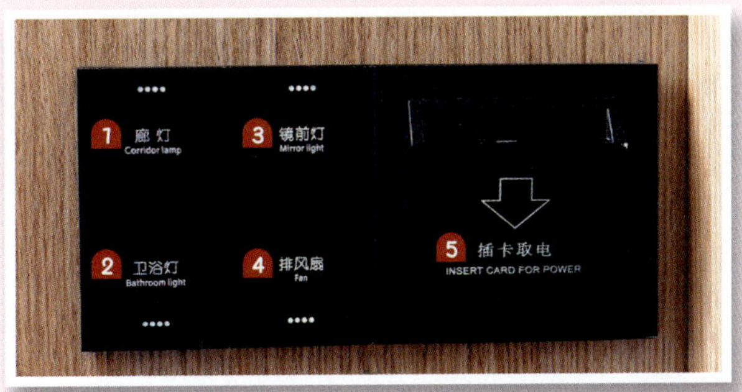

1

복도 등
랑 떵
láng dēng
廊灯

3

거울 앞 등
찡 치엔 떵
jìng qián dēng
镜前灯

5

카드를 꽂으면 전기가 들어옴
챠 카 취 띠엔
chā kǎ qǔ diàn
插卡取电

2

욕실 등
웨이위 떵
wèiyù dēng
卫浴灯

4

환풍기
파이펑샨
páifēngshàn
排风扇

바디 클렌져
무위루
mùyùlù
沐浴露

샴푸
시파루
xǐfàlù
洗发露

린스
후파쑤
hùfàsù
护发素

호텔 공용 시설 이용 문의

Episode 08

#1. 공용 시설 이용 문의하기   track 08-01

실례지만, 호텔 내 헬스장이 있나요?
칭원 지(어)우띠엔 리 여우 찌엔션팡 마
Qǐngwèn, jiǔdiàn li yǒu jiànshēnfáng ma?
请问，酒店里有健身房吗？

네, 3층에 있어요.
여우 짜이 싼 러우
Yǒu, zài sān lóu.
有，在三楼。

수영장도 3층에 있나요?
여우용구안 예 짜이 싼 러우 마
Yóuyǒngguǎn yě zài sān lóu ma?
游泳馆也在三楼吗？

네, 운영 시간은 오전 6시부터 밤 10시까지입니다.
뚜(에)이 잉예 스찌엔 쓰 총 자오샹 리(어)우 디엔 따오 완샹 스 디엔
Duì, yíngyè shíjiān shì cóng zǎoshang liù diǎn dào wǎnshang shí diǎn.
对，营业时间是从早上六点到晚上十点。

words）

酒店 jiǔdiàn 몡 호텔 / 健身房 jiànshēnfáng 몡 헬스장 / 游泳馆 yóuyǒngguǎn 몡 수영장 / 也 yě 閏 ~도,
역시 / 营业时间 yíngyè shíjiān 운영 시간 / 早上 zǎoshang 몡 아침

#2. 세탁기 및 건조기 이용 문의하기 (track 08-02)

혹시 여기 세탁기와 건조기 있나요?
칭원 쩌리 여우 메이여우 시이지 허 훙깐지
Qǐngwèn, zhèli yǒu méiyǒu xǐyījī hé hōnggānjī?
请问, 这里有没有洗衣机和烘干机?

네, 1층에 있어요.
여우 짜이 이 러우
Yǒu, zài yī lóu.
有，在一楼。

따로 돈을 내야 하나요?
야오 셔우 페이 마
Yào shōu fèi ma?
要收费吗？

한 번에 20 위안이에요.
이 츠 얼스 쿠아이
Yí cì èrshí kuài.
一次二十块。

words)
洗衣机 xǐyījī 몡 세탁기 / 烘干机 hōnggānjī 몡 건조기 / 收费 shōu fèi 비용을 받다 / 块 kuài 양 위안
[구어에서 쓰이는 중국 화폐 단위]

자주 쓰이는 표현을 다양한 어휘로 연습해 봐요!

1 실례지만 여기 ~ 있나요? (track 08-03)

칭원 쩌리 여우　　　　　마

Qǐngwèn, zhèli yǒu　　　　*ma?*

请问，这里有　　　　吗?

라운지
시(어)우시 취

xiūxi qū

休息区

세탁실
시이팡

xǐyīfáng

洗衣房

2 ~가/이 있나요? (track 08-04)

여우 메이여우

Yǒu méiyǒu　　　　　　?

有没有　　　　?

세제
시이예

xǐyīyè

洗衣液

이용 제한 시간
스찌엔 씨엔쯔

shíjiān xiànzhì

时间限制

호텔 내에서 볼 수 있는 안내 표현을 알아봐요! (track 08-05)

❶
출입 금지
칭 우 루 네이
qǐng wù rù nèi
请勿入内

❷
미끄럼 조심
땅신 후아다오
dāngxīn huádǎo
当心滑倒

❸
계단 조심
시아오신 타이찌에
xiǎoxīn táijiē
小心台阶

❹
촬영 금지
찐즈 파이쨔오
jìnzhǐ pāizhào
禁止拍照

❺
애완동물 동반 금지
찐즈 시에따이 총우
jìnzhǐ xiédài chǒngwù
禁止携带宠物

❻
화장실
시셔우찌엔
xǐshǒujiān
洗手间

❼
비상구 통로
진지 통따오
jǐnjí tōngdào
紧急通道

❽
감전 조심
시아오신 츄띠엔
xiǎoxīn chùdiàn
小心触电

#1. 중국인 대화

호텔 시설물 이용 시 직원의 안내 표현을 알아볼게요! (track 08-06)

저희 쪽에서 운동복은 제공됩니다.

워먼 쪄삐엔 티꽁 윈똥푸
Wǒmen zhèbiān tígōng yùndòngfú.
我们这边提供运动服。

비용은 보증금에서 차감될 수 있어요.

페이용 후(에)이 총 야찐 리 커우츄
Fèiyong huì cóng yājīn li kòuchú.
费用会从押金里扣除。

words)

边 biān 뗑 (방위사 뒤에 붙어) ~쪽 / 提供 tígōng 뙹 제공하다 / 运动服 yùndòngfú 뗑 운동복 /
费用 fèiyong 뗑 비용 / 从 cóng 졘 ~로 부터 / 扣除 kòuchú 뙹 공제하다, 빼다

#2. 여행자 대화

호텔 공용 시설 운영 시간을 물어보는 표현을 알아볼게요! (track 08-07)

몇 시에 여나요?

지 디엔 카이팡
Jǐ diǎn kāifàng?
几点开放?

몇 시에 닫나요?

지 디엔 꾸안먼
Jǐ diǎn guānmén?
几点关门?

words)

开放 kāifàng 뙹 열다 / 关门 guānmén 뙹 닫다

✧ 여행에 유리한 어휘 ❷

호텔 내 공용 세탁실에서 볼 수 있는 표현을 알아봐요! (track 08-08)

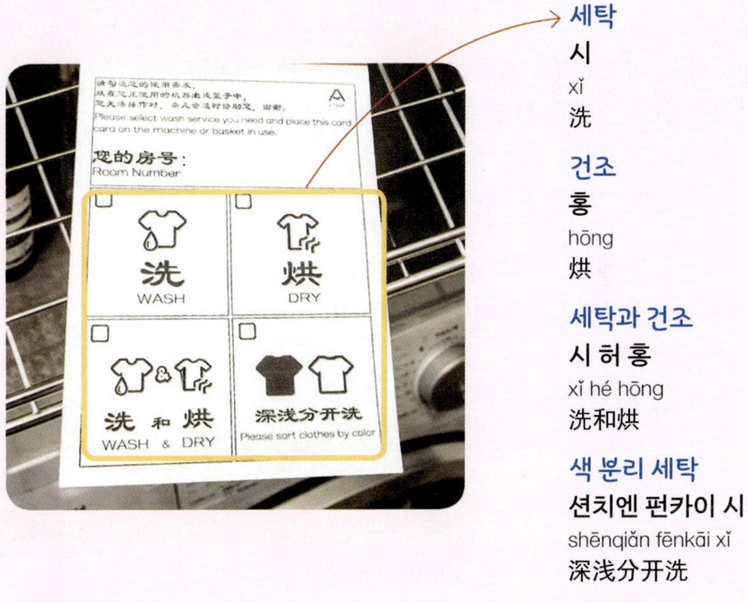

세탁
시
xǐ
洗

건조
홍
hōng
烘

세탁과 건조
시 허 홍
xǐ hé hōng
洗和烘

색 분리 세탁
션치엔 펀카이 시
shēnqiǎn fēnkāi xǐ
深浅分开洗

셀프 세탁실
쯔쮸 시이팡
zìzhù xǐyīfáng
自助洗衣房

객실 내 요청 및 문제 해결

#1. 객실 내 비품 요청

track
09-01

안녕하세요, 여기 612호 룸인데요.

니 하오 쩌리 쓰 리(어)우 야오 얼 하오 팡찌엔

Nǐ hǎo, zhèli shì liù yāo èr hào fángjiān.

你好，这里是六幺二号房间。

목욕 수건을 몇 개 더 가져다주실 수 있나요?

커이 짜이 게이 워 나 지 티아오 위찐 마

Kěyǐ zài gěi wǒ ná jǐ tiáo yùjīn ma?

可以再给我拿几条浴巾吗？

네, 잠시만요.

하오 더 칭 샤오 덩

Hǎo de, qǐng shāo děng.

好的，请稍等。

지금 바로 직원을 통해 보내 드릴게요.

워먼 마샹 랑 위엔꿍 쏭 꾸어취

Wǒmen mǎshàng ràng yuángōng sòng guòqu.

我们马上让员工送过去。

---

words)

号 hào 몡 호[객실 번호] / 浴巾 yùjīn 몡 목욕 수건 / 让 ràng 동 ~하도록 시키다 / 员工 yuángōng 몡 직원 /
送过去 sòng guòqu 보내다, 건네주다

#2. 객실 내 청소 방문 (track 09-02)

(직원이 벨을 누른 상황)

잠시만요.
칭 샤오 덩
Qǐng shāo děng.
请稍等。

✦ 알아두기

중국은 아침 시작이 우리보다 훨씬 빨라요.
그래서 청소도 생각보다 이른 시간에 방문
하기도 한답니다!
준비가 안 되어 있을 경우 이번 회화 내용을
활용해 주세요!

지금 청소해 드려도 괜찮을까요?
씨엔짜이 팡삐엔 다싸오 마
Xiànzài fāngbiàn dǎsǎo ma?
现在方便打扫吗?

지금은 좀 어렵고요,
씨엔짜이 부 타이 팡삐엔
Xiànzài bú tài fāngbiàn,
现在不太方便，

조금 이따가 다시 오셔서 부탁드릴게요.
칭 꾸어 이후얼 짜이 라이 다싸오
qǐng guò yíhuìr zài lái dǎsǎo.
请过一会儿再来打扫。

words)

方便 fāngbiàn 형 괜찮다, 적합하다 / 打扫 dǎsǎo 동 청소하다 / 不太 bú tài 그다지 ~하지 않다 / 过一会儿
guò yíhuìr 조금 이따가

자주 쓰이는 표현을 다양한 어휘로 연습해 봐요!

① ~를/을 더 주실 수 있을까요? (track 09-03)

커이 짜이 게이 워　　　마

Kěyǐ zài gěi wǒ　　　ma?

可以再给我　　　吗?

이불 하나
이 츄앙 뻬이즈
yì chuáng bèizi
一床被子

생수 한 병
이 핑 쿠앙취엔쉐이
yì píng kuàngquánshuǐ
一瓶矿泉水

② 지금 ~해 드려도 괜찮을까요? (track 09-04)

씨엔짜이 팡삐엔　　　마

Xiànzài fāngbiàn　　　ma?

现在方便　　　吗?

수리하다
웨이시(어)우
wéixiū
维修

룸서비스를 부르다
찌아오 커팡 푸우
jiào kèfáng fúwù
叫客房服务

✦ 여행에 유리한 어휘 ❶

호텔 객실에서 볼 수 있는 표현을 알아봐요! (track 09-05)

1 입실하다
루쮸 rùzhù 入住

2 방해 금지
우 라오 wù rǎo 勿扰

3 청소하다
칭싸오 qīngsǎo 清扫

4 호출벨
먼링 ménlíng 门铃

5 안내 사항
원신 티스
wēnxīn tíshì 温馨提示

WiFi 이용 가능
우씨엔 왕루어 이 푸까이
wúxiàn wǎngluò yǐ fùgài
无线网络已覆盖

Wi-Fi 주소
쨩하오 zhànghào 账号

비밀 번호
미마 mìmǎ 密码

#1. 중국인 대화

객실 내 문제 해결 요청을 했을 때 직원이 말할 수 있는 표현을 알아볼게요! (track 09-06)

몇 개 더 가져다 드릴게요.

워 게이 닌 짜이 나 지 거
Wǒ gěi nín zài ná jǐ ge.
我给您再拿几个。

바로 한번 확인해 드릴게요.

워 마샹 빵 닌 칸 이씨아
Wǒ mǎshàng bāng nín kàn yíxià.
我马上帮您看一下。

#2. 여행자 대화

객실 내 자주 발생하는 문제 요청 표현을 알아볼게요! (track 09-07)

배수구에 물이 잘 안 내려가요.

띠러우 씨아 쉐이 헌 만
Dìlòu xià shuǐ hěn màn.
地漏下水很慢。

룸 키가 인식이 안 돼요.

카 다 부 카이 팡찌엔
Kǎ dǎ bu kāi fángjiān.
卡打不开房间。

words)

地漏 dìlòu 몡 배수구 / 下水 xià shuǐ 물이 내려가다 / 慢 màn 혱 느리다 / 卡 kǎ 몡 카드 /
打不开 dǎ bu kāi 열 수 없다

✧ 여행에 유리한 어휘 ❷

호텔 객실에 비치되어 있는 비품 명칭을 알아봐요! (track 09-08)

화장지
웨이셩즈
wèishēngzhǐ
卫生纸

비누
페이짜오
féizào
肥皂

치약
야까오
yágāo 牙膏

칫솔
야슈아
yáshuā 牙刷

어메니티
시 후 용핀
xǐ hù yòngpǐn
洗护用品

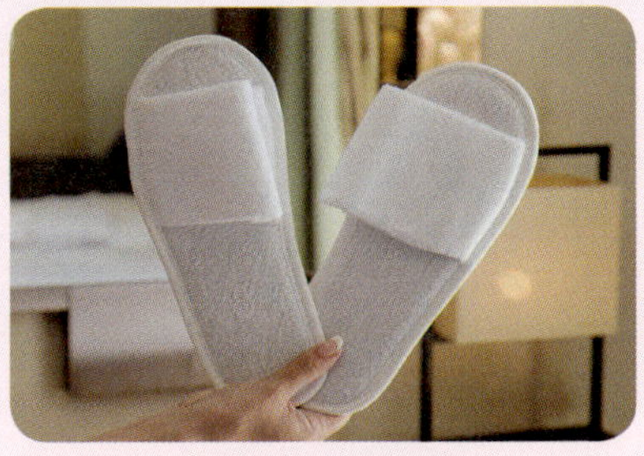

일회용 슬리퍼
이츠씽 투어시에
yícìxìng tuōxié
一次性拖鞋

Four

식당

류리쌤 브이로그

먹탐방 여행이 있을 만큼 여행에서 맛집 방문은 필수죠! 중국 현지 인기 식당에 가면 웨이팅부터 시작돼요. 예약 확인, 메뉴판 읽는 방법, 주문 후 추가 요청을 하거나, 음식이 늦게 나오거나, 잘못 나오는 등 다양한 상황이 생길 수 있는 표현과 결제하는 표현까지 모았어요. 중국 현지 식당에서 자주 겪는 상황을 순서대로 담았으니 여행 전 또는 여행하면서 활용해 보세요!

추천 장소

중국 유명 여행지 청두(成都, 성도)를 아시나요? 쓰촨(四川, 사천)성에 있는 세련된 대도시이며, 푸바오가 돌아간 곳으로도 유명해요. 저는 쓰촨 마파두부 맛집을 찾아 청두에 다녀왔는데, 무려 67팀이 대기 중이라 1시간 넘게 기다렸어요. 그런데 첫 맛에 깜짝 놀랄 만큼 정말 맛있었어요! 음식이 맛 없으면 장사 못한다고 하는 곳이 청두예요. 미식의 도시로 유명한 청두에 놀러가신다면 꼭 마파두부도 드셔 보세요!

웨이팅 확인 및 걸기

#1. 웨이팅 없이 바로 입장하는 경우 (track 10-01)

안녕하세요. 자리 있나요?
니 하오 여우 웨이즈 마
Nǐ hǎo, yǒu wèizi ma?
你好，有位子吗?

여우 쭈어웨이 마
Yǒu zuòwèi ma?
有座位吗?
라고 물어봐도 돼요!

있어요, 몇 분이세요?
여우 지 웨이
Yǒu, jǐ wèi?
有，几位?

두 명이요.
리앙 웨이
Liǎng wèi.
两位。

✧ **알아두기**

우리는 스스로 높여 '분'이라 말하기 어색하지만,
중국은 묻는대로 대답하면 돼요!
位 wèi 대신 个人 ge rén
이라고 해도 돼요!

네, 잠시만요.
하오 더 샤오 덩 이씨아
Hǎo de, shāo děng yíxià.
好的，稍等一下。

words)
位子 wèizi 명 자리 / 位 wèi 양 분[사람을 세는 단위]

#2. 웨이팅이 필요한 경우

안녕하세요. 자리 있나요?
니 하오 여우 웨이즈 마
Nǐ hǎo, yǒu wèizi ma?
你好，有位子吗？

지금 대기하셔야 해요.
씨엔짜이 쉬야오 파이 하오
Xiànzài xūyào pái hào.
现在需要排号。

얼마나 기다려야 하나요?
야오 덩 뚜어 지(어)우
Yào děng duō jiǔ?
要等多久？

50분 기다리셔야 해요.
야오 덩 우스 펀쫑
Yào děng wǔshí fēnzhōng.
要等五十分钟。

웨이팅 걸어 주세요.
게이 워 파이 거 하오 바
Gěi wǒ pái ge hào ba.
给我排个号吧。

빵 워 파이 거 하오 바
Bāng wǒ pái ge hào ba.
帮我排个号吧。
라고 해도 돼요.

words

排号 pái hào 대기 걸다, 줄을 서다 / 分钟 fēnzhōng 명 분[소요 시간]

자주 쓰이는 표현을 다양한 어휘로 연습해 봐요!

1 ~가/이 있나요? (track 10-03)

여우 　　　 마

Yǒu 　　　 ma?

有 　　　 吗?

창가 쪽 자리
카오 츄앙 더 쭈어웨이
kào chuāng de zuòwèi
靠窗的座位

룸(별실)
빠오찌엔
bāojiān
包间

2 (시간의 양) 기다리셔야 해요. (track 10-04)

야오 덩

Yào děng 　　　 .

要等 　　　 。

30분
싼스 펀종
sānshí fēnzhōng
三十分钟

1시간
이 거 시아오스
yí ge xiǎoshí
一个小时

따쫑 디엔핑 앱으로 맛집을 찾아봐요! (track 10-05)

1 나라 및 지역 선택

맛있는 음식
메이스
měishí 美食

2

선정 기준 지정

행정구 行政区
상업 지구 商区
지하철 地铁
지정 지점 指定地点

3 별점과 후기로 맛집 선택

4

메뉴 고르기
특가 优惠
추천 요리 推荐菜

바로 등록 立即登录

#1. 중국인 대화

웨이팅 시 직원이 말할 수 있는 안내 표현을 알아볼게요! (track 10-06)

> 먼저 대기표 받으시고 줄을 서 주세요.

시엔 나 하오 파이뚜(에)이
Xiān ná hào páiduì.
先拿号排队。

> 의자 있으니 앉아서 조금만 대기해 주세요.

여우 이즈 커이 쭈어씨아 샤오웨이 덩 이휠
Yǒu yǐzi, kěyǐ zuòxià shāowēi děng yíhuìr.
有椅子，可以坐下稍微等一会儿。

words)

先 xiān 부 먼저 / 拿号 ná hào 번호표를 받다[키오스크나 직원이 직접 뽑은 번호를 받는 경우 주로 씀] /
排队 páiduì 통 줄을 서다 / 椅子 yǐzi 명 의자 / 坐 zuò 통 앉다 / 稍微 shāowēi 부 약간

#2. 여행자 대화

웨이팅 차례가 궁금할 때 물어볼 수 있는 표현을 알아볼게요! (track 10-07)

> 지금 몇 번까지 왔어요?

씨엔짜이 따오 뚜어샤오 하오 러
Xiànzài dào duōshao hào le?
现在到多少号了?

> 앞에 몇 자리 남았어요?

치엔미엔 하이 여우 뚜어샤오 쭈어
Qiánmiàn hái yǒu duōshao zhuō?
前面还有多少桌?

words)

多少 duōshao 대 얼마나 / 号 hào 명 번호 / 还 hái 부 아직 / 桌 zhuō 명 테이블

웨이팅 시간을 정확하게 알 수 있도록 시간 표현을 알아봐요! (track 10-08)

12시
스얼 디엔
shí'èr diǎn
十二点

12시 15분
스얼 디엔 스우 펀
shí'èr diǎn shíwǔ fēn
十二点十五分

12시 30분
스얼 디엔 싼스 펀
shí'èr diǎn sānshí fēn
十二点三十分

12시 반
스얼 디엔 빤
shí'èr diǎn bàn
十二点半

12시 45분
스얼 디엔 쓰스우 펀
shí'èr diǎn sìshíwǔ fēn
十二点四十五分

1시 15분 전
챠 스우 펀 이 디엔
chà shíwǔ fēn yī diǎn
差十五分一点

예약 확인

#1. 예약한 경우   track 11-01

예약하셨어요?
여우 위위에 러 마
Yǒu yùyuē le ma?
有预约了吗?

네, 8시로 두 명이요.
여우 리앙 웨이 위에 더 빠 디엔
Yǒu, liǎng wèi, yuē de bā diǎn.
有，两位，约的八点。

네, 잠시만요.
하오 더 샤오 덩 이씨아
Hǎo de, shāo děng yíxià.
好的，稍等一下。

성이 어떻게 되세요?
칭원 닌 꾸(에)이씽
Qǐngwèn, nín guìxìng?
请问，您贵姓？

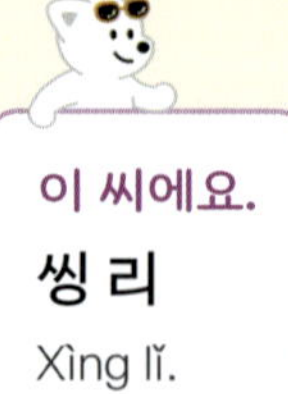

이 씨에요.
씽 리
Xìng lǐ.
姓李。

words〉

预约 yùyuē 동 예약하다 / 约 yuē 동 약속하다 / 贵姓 guìxìng 명 성씨 / 李 lǐ 명 (성) 이 씨

#2. 예약 없이 그냥 간 경우

예약하셨어요?
여우 위위에 러 마
Yǒu yùyuē le ma?
有预约了吗?

아니요.
메이여우
Méiyǒu.
没有。

만약 자리 없으면 좀 기다려도 될까요?
루구어 메이여우 웨이즈 덩 훨 후(에)이 여우 마
Rúguǒ méiyǒu wèizi, děng huìr huì yǒu ma?
如果没有位子，等会儿会有吗?

네, 대략 20분쯤 기다리셔야 해요.
후(에)이 더 쉬야오 덩 얼스 펀쫑 주어여우
Huì de, xūyào děng èrshí fēnzhōng zuǒyòu.
会的，需要等二十分钟左右。

words）

如果 rúguǒ 접 만약 / 等会儿 děng huìr 잠시 후, 이따가 / 左右 zuǒyòu 명 가량, 안팎

자주 쓰이는 표현을 다양한 어휘로 연습해 봐요!

1 ~로 예약했어요. (track II-03)

위에 더

Yuē de

约的 。

오후 2시
씨아우 리앙 디엔
xiàwǔ liǎng diǎn
下午两点

저녁 6시
완샹 리(어)우 디엔
wǎnshang liù diǎn
晚上六点

2 ~(소요 시간)쯤 기다리셔야 해요. (track II-04)

쉬야오 덩　　　　　**주어여우**

Xūyào děng　　　　　zuǒyòu.

需要等　　　　　左右。

5분
우 펀쫑
wǔ fēnzhōng
五分钟

1시간 30분
이 거 빤 시아오스
yí ge bàn xiǎoshí
一个半小时

여행에 유리한 어휘 1

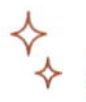

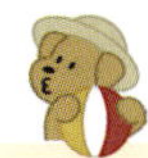

앱으로 맛집을 예약한 화면의 표현을 알아봐요! (track 11-05)

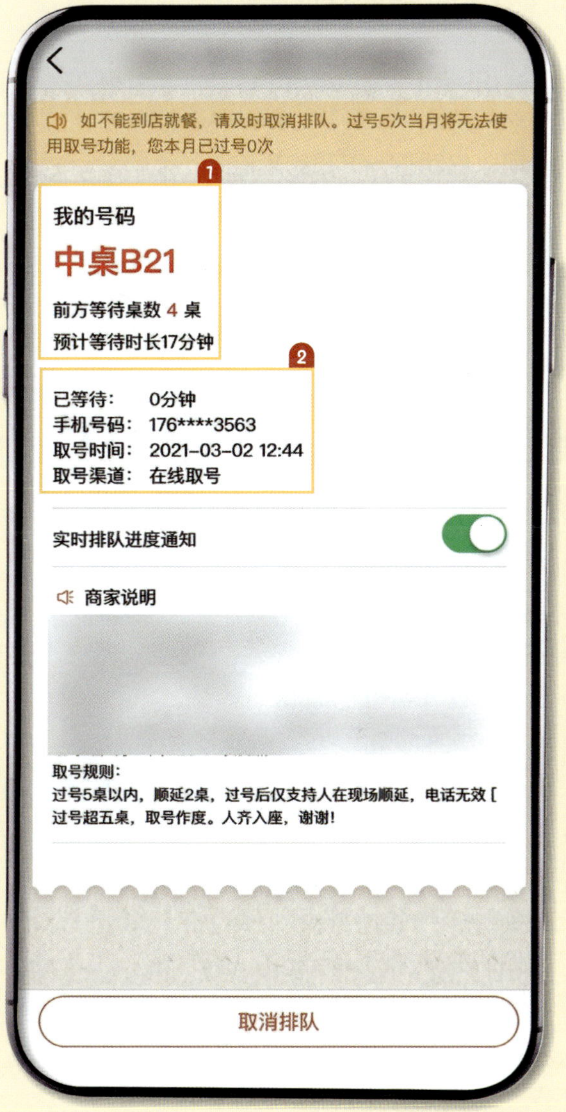

1

내 번호
我的号码

테이블 자리 B21
中桌B21

앞에 4팀 대기
前方等待桌数4桌

대기 예상 시간 17분
预计等待时长17分钟

2

기다린 시간
已等待

휴대폰 번호
手机号码

대기 등록 시간
取号时间

대기 등록 경로
取号渠道

#1. 중국인 대화

예약한 식당에 방문했을 때 직원이 말할 수 있는 표현을 알아볼게요! (track 11-06)

예약 확인 문자
보여 주시겠어요?

커이 게이 워 칸 이씨아 위위에 두안씬 마
Kěyǐ gěi wǒ kàn yíxià yùyuē duǎnxìn ma?
可以给我看一下预约短信吗?

잠시만요, 확인해 볼게요.

샤오 덩 이씨아 빵 닌 칸 이씨아
Shāo děng yíxià, bāng nín kàn yíxià.
稍等一下，帮您看一下。

words)
预约短信 yùyuē duǎnxìn 예약 확인 문자

#2. 여행자 대화

식당 영업 여부를 확인하는 표현을 알아볼게요! (track 11-07)

아직 영업하는 건가요?

씨엔짜이 하이 잉예 마
Xiànzài hái yíngyè ma?
现在还营业吗?

여기 곧 영업 끝나요?

니먼 쿠아이야오 꾸안먼 러 마
Nǐmen kuàiyào guānmén le ma?
你们快要关门了吗?

words)
营业 yíngyè 통 영업하다 / 快要…了 kuàiyào…le 곧 ~하다

중국 도시별 한국인이 많이 찾는 식당을 알아봐요! (track 11-08)

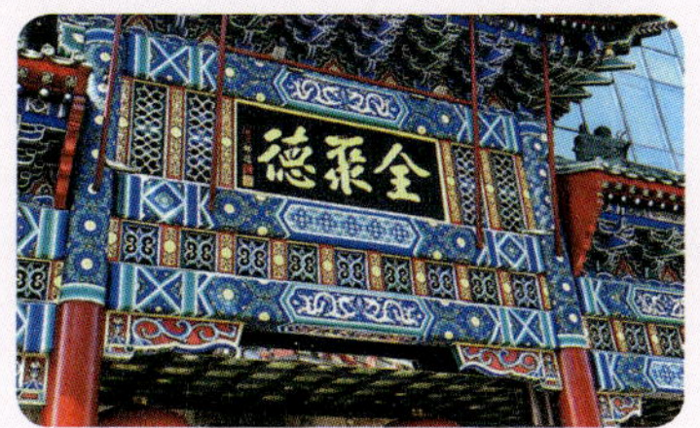

베이징 카오야 전문 식당
취엔쮜더 카오야 띠엔
Quánjùdé kǎoyā diàn
全聚德烤鴨店

상하이 샤오롱바오 전문 식당
난시앙 만터우 띠엔
Nánxiáng mántou diàn
南翔饅頭店

광저우 딤섬 전문 식당
타오타오 쥐
Táotáo jū
陶陶居

충칭 마라 훠궈 체인 식당
시아오티엔어 후어구어
Xiǎotiān'é huǒguō
小天鵝火锅

홍콩 딤섬 전문 식당
티엔 하오 윈
Tiān hǎo yùn
添好運

대만 샤오롱바오 체인 식당
딩 타이 펑
Dǐng Tài Fēng
鼎泰豐

주문 및 별도 요청

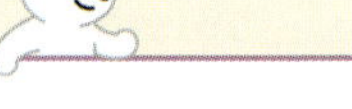 **#1. 음식 주문하기** (track 12-01)

◇ **알아두기**

중국에서는 구두 주문이 거의 없고, 위챗(微信 Wēixìn)에서 QR 코드 스캔 후 주문하는 방식이 보편화되어 있어요.

저기요, 주문이요.
니 하오 디엔 차이
Nǐ hǎo, diǎn cài.
你好，点菜。

어떤 것을 주문하시겠어요?
시앙 야오 디엔 션머
Xiǎng yào diǎn shénme?
想要点什么？

여기 대표 메뉴가 뭔가요?
니먼 더 쨔오파이차이 쓰 션머
Nǐmen de zhāopáicài shì shénme?
你们的招牌菜是什么？

꿔바로우가 제일 잘 나가요.
꾸어바오러우 마이 더 쭈(에)이 하오
Guōbāoròu mài de zuì hǎo.
锅包肉卖得最好。

그럼 꿔바로우 2인분이랑 맥주 한 병 주세요.
나 라이 리앙 펀 꾸어바오러우 허 이 핑 피지(어)우
Nà lái liǎng fèn guōbāoròu hé yì píng píjiǔ.
那来两份锅包肉和一瓶啤酒。

words)

点 diǎn 동 주문하다 / 菜 cài 명 요리, 음식 / 想 xiǎng 조동 ~하고 싶다 / 什么 shénme 대 무엇, 무슨 / 招牌菜 zhāopáicài 명 (인기 있는) 대표 요리 / 锅包肉 guōbāoròu 명 꿔바로우[중국식 탕수육] / 卖得最好 mài de zuì hǎo 가장 잘 팔리다 / 那 nà 접 그렇다면, 그러면 / 来 lái 동 ~주세요 / 和 hé 접 ~와 / 瓶 píng 양 병 / 啤酒 píjiǔ 명 맥주

#2. 주문 시 별도 요청

track 12-02

가리는 음식 있으세요?
여우 찌커우 마
Yǒu jìkǒu ma?
有忌口吗?

고수 빼 주세요.
부 야오 시앙차이
Bú yào xiāngcài.
不要香菜。

알겠습니다. 다른 거 필요하세요?
하오 더 하이 야오 치타 더 마
Hǎo de, hái yào qítā de ma?
好的，还要其他的吗？

제로 콜라 있을까요?
여우 메이여우 우 탕 커러
Yǒu méiyǒu wú táng kělè?
有没有无糖可乐？

words)

忌口 jìkǒu 통 음식을 가리다 / 不要 bú yào 필요 없다 / 香菜 xiāngcài 명 고수 / 其他 qítā 대 그 외, 다른 거 / 无糖 wú táng 무설탕 / 可乐 kělè 명 콜라

자주 쓰이는 표현을 다양한 어휘로 연습해 봐요!

1 ~ 주세요. (track 12-03)

라이
Lái ______ .
来 ______ 。

밥 한 공기
이 완 미판
yì wǎn mǐfàn
一碗米饭

사이다 한 캔
이 팅 쉬에삐
yì tīng xuěbì
一听雪碧

2 ~ 빼 주세요. (track 12-04)

부 야오
Bú yào ______ .
不要 ______ 。

파
총
cōng
葱

땅콩
후아셩
huāshēng
花生

중국 식당 안에 있는 QR코드 주문서 표현을 알아봐요! (track 12-05)

QR 코드를 찍고 음식을 주문하면
더 편리해요
扫码线上点餐更方便

① 회원 가입하시면 26 위안
   상당의 쿠폰을 드려요
① 登录赠送价值26元券

② 무료로 이용하실 수 있는
   아이스크림 쿠폰을 드려요
② 免费送冰淇淋券

QR 코드를 찍으면 음식 주문을
기다리지 않아도 돼요
扫码点餐不用等

식당에 갔을 때 종업원이 말할 수 있는 표현을 알아볼게요! (track 12-06)

QR 코드를 스캔하셔서
주문하실 수 있습니다.

싸오 마 디엔 딴 찌(어)우 커이 러
Sǎo mǎ diǎn dān jiù kěyǐ le.
扫码点单就可以了。

주문 다 하셨나요?

디엔하오 러 마
Diǎnhǎo le ma?
点好了吗?

words)

扫码 sǎo mǎ QR 코드를 스캔하다 / 点单 diǎn dān 메뉴를 주문하다 / 好 hǎo 형 완료·도달을 나타냄

식당에서 음식을 주문할 때 필요한 표현을 알아볼게요! (track 12-07)

직접 구두로
주문해도 될까요?

커이 즈지에 디엔 찬 마
Kěyǐ zhíjiē diǎn cān ma?
可以直接点餐吗?

고수에 알러지가 있어요.

워 뚜(에)이 시앙차이 꾸어민
Wǒ duì xiāngcài guòmǐn.
我对香菜过敏。

words)

直接 zhíjiē 형 직접적인 / 餐 cān 명 요리 / 过敏 guòmǐn 동 알레르기가 있다

음식을 주문할 때 요청할 수 있는 알러지 식품을 알아봐요! (track 12-08)

계란
찌딴
jīdàn
鸡蛋

우유
니(어)우나이
niúnǎi
牛奶

갑각류
지아치아오 레이
jiǎqiào lèi
甲壳类

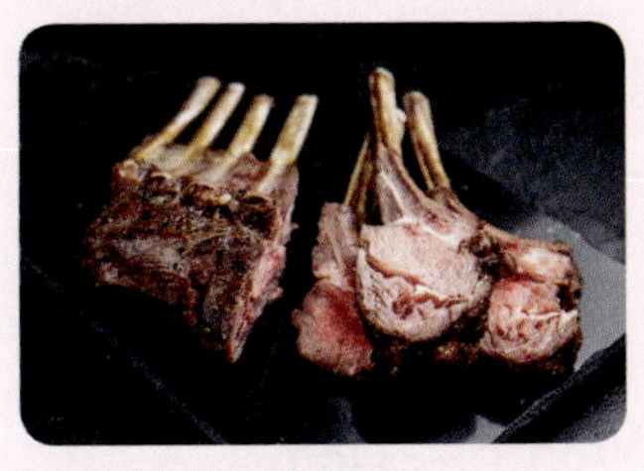

양고기
양러우
yángròu
羊肉

복숭아
타오즈
táozi
桃子

콩
따떠우
dàdòu
大豆

Episode 13 · 문제 상황

저기, 제 젓가락이 떨어졌어요.
니 하오 워 더 쿠아이즈 띠아오 러
Nǐ hǎo, wǒ de kuàizi diào le.
你好，我的筷子掉了。

네, 새 것으로 가져다 드릴게요.
하오 더 워 마샹 게이 닌 나 씬 더
Hǎo de, wǒ mǎshàng gěi nín ná xīn de.
好的，我马上给您拿新的。

냅킨도 있을까요?
하이 여우 즈찐 마
Hái yǒu zhǐjīn ma?
还有纸巾吗？

있어요, 잠시만 기다려 주세요.
여우 칭 샤오 덩
Yǒu, qǐng shāo děng.
有，请稍等。

---

words)

筷子 kuàizi 뎽 젓가락 / 掉 diào 통 떨어뜨리다, 떨어지다 / 新的 xīn de 새로운 것 / 纸巾 zhǐjīn 뎽 휴지, 냅킨

#2. 음식이 나오지 않을 때
(track 13-02)

주문한 꿔바로우 아직일까요?
워먼 디엔 더 꾸어바오러우 하이 메이 하오 마
Wǒmen diǎn de guōbāoròu hái méi hǎo ma?
我们点的锅包肉还没好吗?

죄송합니다.
뿌 하오이쓰
Bù hǎoyìsi,
不好意思,

한번 확인해 드릴게요.
워 빵 닌 취에런 이씨아
wǒ bāng nín quèrèn yíxià.
我帮您确认一下。

재촉 좀 해 주실 수 있을까요?
넝 부 넝 빵 워 추(에)이 이씨아
Néng bu néng bāng wǒ cuī yíxià?
能不能帮我催一下?

✧ 알아두기

우리나라는 이런 재촉을 하지 않지만,
중국은 음식이 나오지 않으면 재촉해 달라고
부탁을 할 수 있어요! 현지인이 자주 쓰는
말이기에 꼭 기억해 두시고 써 보세요!

words)

没 méi 튄 아직 ~않다 / 不好意思 bù hǎoyìsi 죄송합니다 / 确认 quèrèn 퉁 확인하다 / 催 cuī 퉁 재촉하다, 서두르다

자주 쓰이는 표현을 다양한 어휘로 연습해 봐요!

1 제 ~이/가 떨어졌어요. (track 13-03)

워 더   띠아오 러

Wǒ de   diào le.

我的   掉了。

숟가락
샤오즈
sháozi
勺子

포크
챠즈
chāzi
叉子

2 (저를 도와서) ~ 좀 해 주실 수 있나요? (track 13-04)

넝 부 넝 빵 워   이씨아

Néng bu néng bāng wǒ   yíxià?

能不能帮我   一下?

예약하다
위띵
yùdìng
预订

확인하다
취에런
quèrèn
确认

식당에서 교환을 요청할 수 있는 식기류를 알아봐요! track 13-05

컵
뻬이즈
bēizi
杯子

찻잔
챠뻬이
chábēi
茶杯

작은 접시
디에즈
diézi
碟子

그릇
완
wǎn
碗

와인잔
푸타오지(어)우 뻬이
pútaojiǔ bēi
葡萄酒杯

나이프와 포크
따오 챠
dāo chā
刀叉

#1. 중국인 대화

식당에서 직원이 문제 상황을 해결할 때 말할 수 있는 표현을 알아볼게요! (track 13-06)

다른 걸로 바꿔 드릴까요?

쉬야오 게이 닌 후안 비에 더 마
Xūyào gěi nín huàn bié de ma?
需要给您换别的吗?

(테이블) 먼저 정리할게요.

워 시엔 빵 닌 셔우스 이씨아
Wǒ xiān bāng nín shōushi yíxià.
我先帮您收拾一下。

words)
别的 bié de 다른 것 / 收拾 shōushi 동 정리하다, 치우다

#2. 여행자 대화

주문한 음식이 나오지 않을 때 말할 수 있는 표현을 알아볼게요! (track 13-07)

음식이 아직 안 나와서요.

디엔 더 차이 하이 메이 쌍
Diǎn de cài hái méi shàng.
点的菜还没上。

**그럼 빼 주실 수 있나요?
(취소 요청)**

나 커이 빵 워 취띠아오 마
Nà kěyǐ bāng wǒ qùdiào ma?
那可以帮我去掉吗?

words)
上 shàng 동 (음식이) 나오다 / 去掉 qùdiào 빼다, 제거하다

중국 도시별 한국인이 많이 찾는 음식을 알아봐요! (track 13-08)

베이징 카오야
베이징 카오야
Běijīng kǎoyā
北京烤鸭

상하이 샤오롱바오
시아오롱빠오
xiǎolóngbāo
小笼包

광저우 딤섬
디엔신
diǎnxin
点心

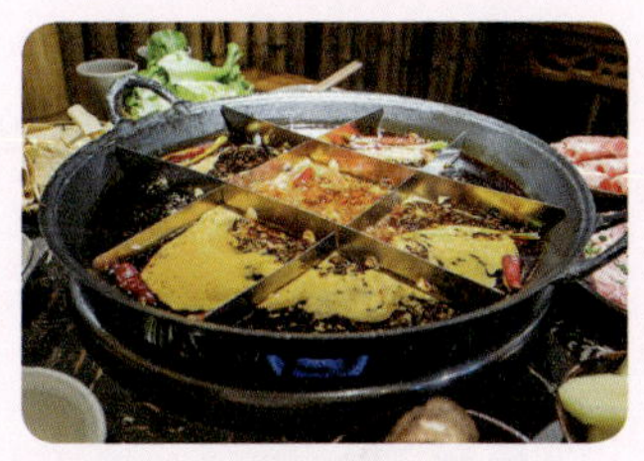

충칭 훠궈
츙칭 후어구어
Chóngqìng huǒguō
重庆火锅

홍콩 에그 타르트
딴타
dàntà
蛋挞

대만 우육면
니(어)우러우미엔
niúròumiàn
牛肉面

현금 및 QR 코드 결제

#1. 현금으로 결제 (track 14-01)

계산이요.
마이딴
Mǎidān.
买单。

이 외에도
지에쨩
jiézhàng
结账
이라고 말해도 돼요!

네, 여기 계산서 확인해 주세요.
하오 더 쪄 쓰 쨩딴 닌 허뚜(에)이 이씨아
Hǎo de, zhè shì zhàngdān, nín héduì yíxià.
好的，这是账单，您核对一下。

현금도 될까요?
커이 씨엔찐 마
Kěyǐ xiànjīn ma?
可以现金吗?

돼요. 총 100 위안입니다.
커이 이꽁 이바이 쿠아이
Kěyǐ, yígòng yìbǎi kuài.
可以，一共一百块。

---

words)

买单 mǎidān 동 계산하다 / 账单 zhàngdān 명 계산서 / 核对 héduì 동 대조하다, 확인하다 / 现金 xiànjīn
명 현금 / 一共 yígòng 부 총, 합계

#2. QR 코드로 결제 (track 14-02)

계산이요.
지에쟝
Jiézhàng.
结账。

◇ **알아두기**

중국은 현금, 카드 결제가 많지 않아요. 대부분 위챗이나 알리페이 앱에서 본인의 고유 QR 코드를 스캔하여 결제한다는 점 꼭 기억해 주세요. 미리 준비해 가시는 것을 추천해요!

위챗이세요 아니면 알리페이세요?
웨이씬 하이스 쯔푸바오
Wēixìn háishi Zhīfùbǎo?
微信还是支付宝?

알리페이요.
쯔푸바오
Zhīfùbǎo.
支付宝。

제가 스캔할게요.
워 싸오 닌
Wǒ sǎo nín.
我扫您。

결제됐어요.
(싸오) 꾸어취 러
(Sǎo) guòqu le.
(扫)过去了。

words)

结账 jiézhàng 동 계산하다, 결제하다 / 还是 háishi 접 아니면 / 支付宝 Zhīfùbǎo 명 알리페이 / 扫 sǎo 동 (QR 코드를) 스캔하다 / 扫过去 sǎo guòqu (결제가) 완료되다

자주 쓰이는 표현을 다양한 어휘로 연습해 봐요!

1 ~이 가능한가요(~ 수 있나요)? (track 14-03)

커이   마

Kěyǐ   ma?

可以   吗?

신용카드를 사용하다

용 씬용카

yòng xìnyòngkǎ

用信用卡

영수증을 주세요

게이 워 시아오피아오

gěi wǒ xiǎopiào

给我小票

---

2 ~ 아니면 ~? (track 14-04)

하이스   ?

háishi   ?

还是   ?

내가 당신을 스캔하다

워 싸오 니

Wǒ sǎo nǐ

我扫你

당신이 나를 스캔하다

니 싸오 워

nǐ sǎo wǒ

你扫我

카드 결제하다

슈아카

Shuākǎ

刷卡

현금 결제하다

푸씨엔

fùxiàn

付现

현금으로 결제할 때 당황하지 않게 중국 지폐의 생김새를 익혀봐요! (track 14-05)

1 위안
이 쿠아이
yí kuài
一块

5 위안
우 쿠아이
wǔ kuài
五块

10 위안
스 쿠아이
shí kuài
十块

20 위안
얼스 쿠아이
èrshí kuài
二十块

50 위안
우스 쿠아이
wǔshí kuài
五十块

100 위안
이바이 쿠아이
yìbǎi kuài
一百块

#1. 중국인 대화

결제할 때 직원이 말할 수 있는 표현을 알아볼게요! (track 14-06)

저희는 현금도 받아요.

워먼 쩌삐엔 커이 셔우 씨엔찐
Wǒmen zhèbiān kěyǐ shōu xiànjīn.
我们这边可以收现金。

계산 도와 드릴게요.

워 빵 닌 지에쨩
Wǒ bāng nín jiézhàng.
我帮您结账。

#2. 여행자 대화

결제하기 전 또는 결제할 때 말할 수 있는 표현을 알아볼게요! (track 14-07)

(남은 음식을 가리키며)
포장 좀 부탁드릴게요.

마판 닌 빵 워 다빠오
Máfan nín bāng wǒ dǎbāo.
麻烦您帮我打包。

(결제) 오류나서
다시 한번 스캔 해 볼게요.

츄 러 디얼 원티 워 짜이 싸오 이 츠
Chū le diǎnr wèntí, wǒ zài sǎo yí cì.
出了点儿问题，我再扫一次。

words)

麻烦您帮我… máfan nín bāng wǒ… ~ 좀 부탁드립니다[정중한 요청] / 打包 dǎbāo 동 포장하다 /
出 chū 동 발생하다, 생기다 / 问题 wèntí 명 문제

배불리 먹은 영수증에 쓰인 표현을 살펴봐요! (track 14-08)

❶ 결제 전 영수증
위지에딴
yùjiédān
预结单

❷ 메뉴명
차이핀 밍청
càipǐn míngchēng
菜品名称

수량
쓰리앙
shùliàng 数量

단가
딴찌아
dānjià 单价

금액
찐어
jīn'é 金额

❸ 결제 금액
따이 셔우 찐어
dài shōu jīn'é
待收金额

위챗, 알리페이로 QR 코드를 스캔하여
결제하신 후, 직원에게 보여 주세요!
微信支付宝扫码支付，成功后展示给服务员确认！

Five

카페

류리쌤 브이로그

중국에서는 카페에서도 위챗이나 알리페이 QR 코드를 통해 음료를 주문하고 결제해요.
하지만 처음 중국을 방문하는 사람을 위해 구두로 주문하거나 현금 결제 표현을 모았어요!

추천 장소

중국 유명 여행지 항저우(杭州, 항주)를 아시나요? '하늘에는 천당이 있고 땅에는 쑤저우와 항저우가 있다 (上有天堂，下有苏杭)'는 말이 있을 정도예요. 특히 항저우는 시후(西湖, 서호)가 있는 곳으로 아주 유명 하죠. 저는 항저우 여행 중 분위기 좋은 시후 근처 카페에서 마셨던 커피 한 잔의 매력을 잊을 수 없어요. 항저우에 가신다면 시후 주변 카페에서 커피 한 잔 꼭 즐겨 보세요!

주문 방식

#1. 구두로 직접 음료 주문 (track 15-01)

◇ **알아두기**

중국에서는 거의 다 위챗이나 알리페이 QR 코드를 통해 음료 주문을 하지만 이번 회화는 구두로 주문할 경우를 준비했어요.

주문 좀 해 주실 수 있을까요?

니 하오 커이 빵 워 디엔 딴 마

Nǐ hǎo, kěyǐ bāng wǒ diǎn dān ma?

你好，可以帮我点单吗?

네, 어떤 거 드릴까요?

커이 닌 야오 허 디얼 션머

Kěyǐ, nín yào hē diǎnr shénme?

可以，您要喝点儿什么?

톨 사이즈로 아이스아메리카노 두 잔이요.

야오 리앙 뻬이 쫑 뻬이 삥 메이쓰

Yào liǎng bēi zhōng bēi bīng Měishì.

要两杯中杯冰美式。

네, 여기서 드시나요 아니면 테이크아웃 하시나요?

하오 더 짜이 쩔 허 하이스 따이 저우

Hǎo de, zài zhèr hē háishi dài zǒu?

好的，在这儿喝还是带走?

테이크아웃이요.

따이 저우

Dài zǒu.

带走。

words)

喝 hē 동 마시다 / 杯 bēi 양 잔 / 中杯 zhōng bēi 중간[톨] 사이즈 / 冰美式 bīng Měishì 아이스 아메리카노 / 带走 dài zǒu 테이크아웃하다, 가져가다

#2. QR 코드 주문 후 음료 옵션 변경

(track 15-02)

방금 당도를 표준으로 주문했는데,

워 깡깡 디엔 더 스 삐아오쥰 탕

Wǒ gānggāng diǎn de shì biāozhǔn táng,

我刚刚点的是标准糖，

'덜 달게'로 변경 가능할까요?

커이 가이청 샤오 탕 마

kěyǐ gǎichéng shǎo táng ma?

可以改成少糖吗？

네, 돼요.

커이 더

Kěyǐ de.

可以的。

그 밖에, 얼음 좀 더 넣어 주실 수 있나요?

링와이 커이 뚜어 찌아 디얼 삥 마?

Lìngwài, kěyǐ duō jiā diǎnr bīng ma?

另外，可以多加点儿冰吗？

네, 다 되면 불러 드릴게요.

하오 더 쪄삐엔 하오 러 찌아오 닌

Hǎo de, zhèbiān hǎo le jiào nín.

好的，这边好了叫您。

words

刚刚 gānggāng 부 방금 / 标准 biāozhǔn 형 표준적인 / 糖 táng 명 설탕, 당도 / 改成 gǎichéng ~로 바꾸다, 변경하다 / 少 shǎo 형 적게 / 另外 lìngwài 접 그 밖에 / 多 duō 형 많다 / 加 jiā 동 더하다, 보태다 / 冰 bīng 명 얼음

자주 쓰이는 표현을 다양한 어휘로 연습해 봐요!

1 ~ 아니면 ~? (track 15-03)

하이스
háishi
还是   ?
                    ?

따뜻한	아이스
르어 더	삥 더
Rè de	bīng de
热的	冰的
큰 컵	작은 컵
따 뻬이	시아오 뻬이
Dà bēi	xiǎo bēi
大杯	小杯

2 그 밖에, ~해 주실 수 있나요? (track 15-04)

링와이 커이   마
Lìngwài, kěyǐ   ma?
另外，可以   吗?

시나몬 가루를 빼다
부 야오 러우꾸(에)이 펀
bú yào ròuguì fěn
不要肉桂粉

오트밀크로 변경하다
후안청 옌마이나이
huànchéng yànmàinǎi
换成燕麦奶

앱으로 음료를 주문할 때 나오는 표현을 살펴봐요! (track 15-05)

1

컵 종류 뻬이 싱
杯型 bēi xíng

큰 컵 大杯
중간 컵 中杯

차 베이스 챠 디
茶底 chá dǐ

차 향이 나는 타입
茶香款

꽃 향이 나는 타입
花香款

2

온도 원뚜
温度 wēndù

표준 얼음 标准冰
얼음 적게 少冰
얼음 빼고 去冰
→ 얼음은 빼지만 차가움
뜨겁게 热

3

당도 티엔 뚜
甜度 tián dù

표준 당도 标准糖
조금 달게 少糖
약간 달게 微糖
다른 당도 추가 없이
不另外加糖

#1. 중국인 대화

음료 주문할 때 직원이 말할 수 있는 표현을 알아볼게요! (track 15-06)

포인트 적립하시나요?

찌펀 마
Jīfēn ma?
积分吗?

앉아 계세요,
다 되면 가져다드릴게요.

시엔 쭈어 이씨아 쭈어완 허우 게이 닌 쏭 꾸어취
Xiān zuò yíxià, zuòwán hòu gěi nín sòng guòqu.
先坐一下，做完后给您送过去。

words)

积分 jīfēn 명동 포인트 적립(을 하다) / 做完 zuòwán 끝내다

#2. 여행자 대화

카페 직원에게 요청할 수 있는 표현을 알아볼게요! (track 15-07)

디카페인으로
부탁드려요.

칭 게이 워 띠 인 더
Qǐng gěi wǒ dī yīn de.
请给我低因的。

샌드위치도 하나
부탁드려요.

하이 야오 이 거 싼밍쯔
Hái yào yí ge sānmíngzhì.
还要一个三明治。

words)

低因 dī yīn 디카페인 / 三明治 sānmíngzhì 명 샌드위치

빠왕 챠찌(霸王茶姬) 카페에 적혀있는 서비스 표현을 알아봐요! (track 15-08)

무료
미엔페이
miǎnfèi 免费

식수
인쉐이
yǐnshuǐ 饮水

연필 / 메모지
시에쯔 비 / 삐엔 치엔 즈
xiězì bǐ / biàn qiān zhǐ
写字笔 / 便签纸

냅킨 / 물티슈
즈찐 / 스찐
zhǐjīn / shījīn
纸巾 / 湿巾

일회용 우비
이츠씽 위이
yícìxìng yǔyī
一次性雨衣

손 소독제
셔우 시아오두예
shǒu xiāodúyè
手消毒液

마스크
커우쨔오
kǒuzhào 口罩

충전
총띠엔
chōngdiàn 充电

실내 잠시 휴식
띠엔네이 시아오치
diànnèi xiǎoqì
店内小憩

Six

길 묻기

류리쌤 브이로그

낯선 도시를 여행하다 보면 지도 앱이 있어도 길을 헤매는 순간이 종종 있어요. 특히 중국처럼 도로가 넓고 건물 구조가 복잡한 곳에서는 방향을 잡기 쉽지 않죠. 이럴 땐 "어떻게 가나요?", "가까운 역은 어디인가요?"처럼 간단하고 짧은 질문으로 현지인의 도움을 받으면 훨씬 수월해요. 위치·방향부터 거리감을 물어볼 수 있는 표현을 모았어요!

요즘 충칭(重庆, 중경)이 화려하고 예뻐서 여행지로 급부상하고 있어요! 홍야동 야경, 강변 케이블카, 마라 훠궈 같은 매력이 많은 도시죠. 하지만 충칭은 중국에서도 길 찾기 어렵기로 유명한 '미로 도시'랍니다. 산이 많고 길이 복잡해서 현지인도 종종 헤맬 정도예요. 골목과 도로가 입체적으로 얽혀 있어서 현지인에게 길을 물어보는 상황은 필수랍니다.

위치 및 교통 수단

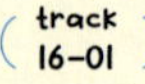

#1. 경로 및 교통 수단 묻기   (track 16-01)

저기요, 리즈바에 어떻게 가나요?

니 하오 리즈빠 전머 취

Nǐ hǎo, Lǐzǐbà zěnme qù?

你好，李子坝怎么去?

걸어갈 수 있나요?

커이 저우 꾸어취 마

Kěyǐ zǒu guòqu ma?

可以走过去吗?

◇ **알아두기**

怎么去? Zěnme qù?는
보통 택시, 버스, 도보 등의 이동
수단을 물을 때 주로 써요!

걷기엔 너무 멀어요.

저우루 타이 위엔 러

Zǒulù tài yuǎn le.

走路太远了。

버스 타고 가시는 게 가장 좋아요.

쭈어 꽁찌아오쳐 취 쭈(에)이하오

Zuò gōngjiāochē qù zuìhǎo.

坐公交车去最好。

words)

李子坝 Lǐzǐbà 고유 리즈바[관광 명소] / 怎么 zěnme 대 어떻게 / 去 qù 동 가다 / 走过去 zǒu guòqu 걸
어서 가다 / 走路 zǒulù 동 걷다 / 太 tài 부 너무 / 远 yuǎn 형 멀다 / 公交车 gōngjiāochē 명 버스 / 最好
zuìhǎo 부 가장 좋다

#2. 방향 묻기

저기요, 홍야동에 어떻게 가나요?
니 하오 홍야똥 전머 저우
Nǐ hǎo, Hóngyádòng zěnme zǒu?
你好，洪崖洞怎么走？

✧ **알아두기**

怎么走? Zěnme zǒu?는
보통 현 위치에서 어느 방향으로
가야 하는지 물을 때 주로 써요!

앞으로 쭉 가세요.
이즈 왕 치엔 저우
Yìzhí wǎng qián zǒu.
一直往前走。

걸어서 몇 분 정도 걸리나요?
저우 지 펀죵
Zǒu jǐ fēnzhōng?
走几分钟？

3분이면 바로 도착해요.
싼 펀죵 찌(어)우 따오 러
Sān fēnzhōng jiù dào le.
三分钟就到了。

words)

洪崖洞 Hóngyádòng 고유 홍야동[관광 명소] / 走 zǒu 동 걷다 / 一直 yìzhí 부 줄곧, 곧장 / 前 qián 명 앞

자주 쓰이는 표현을 다양한 어휘로 연습해 봐요!

1 ~에 어떻게 가나요? (track 16-03)

전머 취
zěnme qù?
怎么去?

해방비
지에팡뻬이
Jiěfàngbēi
解放碑

창장 케이블카
챵찌앙 쑤어따오
Chángjiāng suǒdào
长江索道

2 ~에 어떻게 가나요? (track 16-04)

전머 저우
zěnme zǒu?
怎么走?

버스 정류장
꽁찌아오쳐 짠
Gōngjiāochē zhàn
公交车站

지하철 역
띠티에 짠
Dìtiě zhàn
地铁站

까오더 띠투 앱에서 길을 찾을 때 나오는 표현을 살펴봐요! (track 16-05)

❶

보행하다
뿌싱
bùxíng
步行

운전하다
찌아 쳐
jià chē
驾车

택시를 타다
다쳐
dǎchē
打车

카풀[같은 방향끼리 타는]
쑨펑 쳐
shùnfēng chē
顺风车

대중교통
꽁꽁 찌아오통
gōnggòng jiāotōng
公共交通

❷

21시 32분 도착 예정
위찌 얼스이 디엔
싼스얼 펀 따오다
yùjì èrshíyī diǎn
sānshí'èr fēn dàodá
预计21：32到达

❸

보행 경로 안내를 시작합니다
开始步行导航

#1. 중국인 대화

목적지에 맞는 교통 수단 안내 표현을 알아볼게요! (track 16-06)

택시 타고 가세요.

다쳐 취 바
Dǎchē qù ba.
打车去吧。

대중교통 타고 가는 걸 추천해요.

투(에)이찌엔 쭈어 꽁꽁 찌아오통 취
Tuījiàn zuò gōnggòng jiāotōng qù.
推荐坐公共交通去。

words)

打车 dǎchē 동 택시를 타다 / 推荐 tuījiàn 동 추천하다 / 公共交通 gōnggòng jiāotōng 명 대중교통

#2. 중국인 대화

목적지 위치와 방향에 맞는 길 안내 표현을 알아볼게요! (track 16-07)

왼쪽 / 오른쪽으로 꺾으세요(도세요).

왕 주어 구아이 / 왕 여우 구아이
Wǎng zuǒ guǎi. / Wǎng yòu guǎi.
往左拐。 / 往右拐。

방향 안내할 때, 拐 대신 转 zhuǎn으로 말할 수도 있어요!
주어 쥬안 / 여우 쥬안
zuǒ zhuǎn / yòu zhuǎn
左转 / 右转

앞에 있는 신호등까지 가세요.

따오 치엔미엔 더 홍뤼떵 찌(어)우 싱
Dào qiánmiàn de hónglǜdēng jiù xíng.
到前面的红绿灯就行。

words)

左 zuǒ 명 왼쪽 / 右 yòu 명 오른쪽 / 拐 guǎi 동 방향을 바꾸다, 돌다 / 红绿灯 hónglǜdēng 명 신호등 /
行 xíng 형 좋다, 괜찮다

거리에 있는 방향 안내 표현을 알아봐요! (track 16-08)

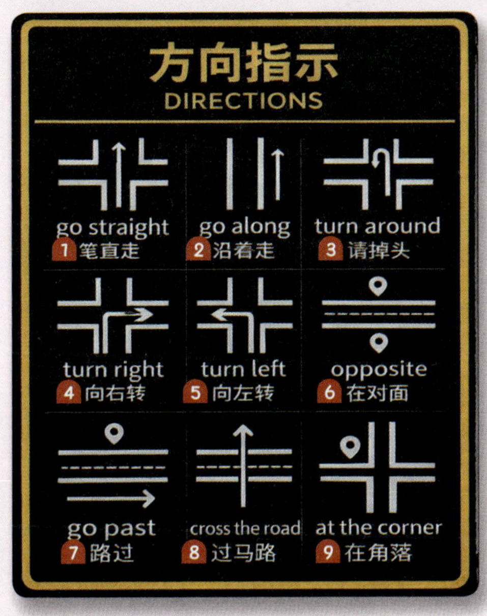

1

쭉 가세요
비즈 저우
bǐzhí zǒu 笔直走

2

길 따라 가세요
옌져 저우
yánzhe zǒu 沿着走

3

유턴하세요
칭 띠아오터우
qǐng diàotóu 请掉头

4

오른쪽으로 도세요
씨앙 여우 쥬안
xiàng yòu zhuǎn 向右转

5

왼쪽으로 도세요
씨앙 주어 쥬안
xiàng zuǒ zhuǎn 向左转

6

맞은편에 있어요
짜이 뚜(에)이미엔
zài duìmiàn 在对面

7

지나가세요
루꾸어
lùguò 路过

8

길을 건너세요
꾸어 마루
guò mǎlù 过马路

9

모퉁이에 있어요
짜이 지아오루어
zài jiǎoluò 在角落

Seven

관광 명소

류리쌤 브이로그

여행에서 빠질 수 없는 여정이 바로 유명 관광 명소 방문이죠. 우리나라와 마찬가지로 중국 관광 명소도 입장권을 현장에서 구매하거나, 미리 온라인으로 예매해 QR 코드로 입장하는 방식이 많아요. 입장권 구매·예매 표현부터 중국인에게 사진을 부탁하는 쉬운 표현을 모았어요!

추천 장소

중국에서 관광 명소나 공연을 생각하면 수도인 베이징이 제일 먼저 떠올라요. 베이징은 전통과 현대가 공존하는 공연의 도시입니다. 대표적으로는 경극(京劇)과 서커스가 유명한데, 베이징에 유니버설 스튜디오가 있다는 것 아시나요? 2021년에 정식 개장해서 아주 큰 인기를 끌고 있답니다. 그래서 베이징 여행에서는 특히 입장권 구매나 예매 확인 같은 표현을 알아두면 훨씬 편리하게 공연을 즐길 수 있어요!

입장권 구매

#1. 현장에서 입장권 구매하기　track 17-01

입장권은 얼마인가요?

먼피아오 뚜어샤오 치엔

Ménpiào duōshao qián?

门票多少钱?

성인은 20 위안, 학생은 10 위안입니다.

청런 얼스 쿠아이 쉬에셩 스 쿠아이

Chéngrén èrshí kuài, xuésheng shí kuài.

成人二十块，学生十块。

성인 2장으로 주세요.

워 야오 리앙 쟝 청런 피아오

Wǒ yào liǎng zhāng chéngrén piào.

我要两张成人票。

◇ **알아두기**

입장권 구매 시 신분증(证件, 身份证)을 달라고 할텐데 외국인 우리는 여권(护照)을 제출하면 돼요. 꼭 챙기세요!

네, 신분증 보여주세요.

하오 더 쪙찌엔 칸 이씨아

Hǎo de, zhèngjiàn kàn yíxià.

好的，证件看一下。

words)

门票 ménpiào 명 입장권 / 成人 chéngrén 명 성인 / 学生 xuésheng 명 학생 / 张 zhāng 양 종이 같은 평평한 물건을 세는 단위 / 票 piào 명 표

#2. 온라인으로 사전 예매하기

(track 17-02)

안녕하세요. 온라인으로 예매했어요.
니 하오 짜이 왕쌍 위띵 러
Nǐ hǎo, zài wǎngshàng yùdìng le.
你好，在网上预订了。

QR 코드를 보여주세요.
칭 츄쓰 얼웨이마
Qǐng chūshì èrwéimǎ.
请出示二维码。

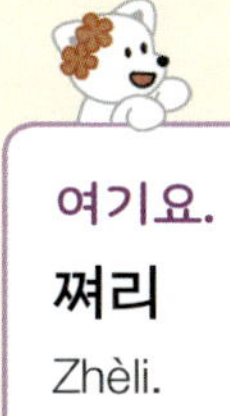

여기요.
쩌리
Zhèli.
这里。

음료는 가지고 들어가실 수 없어요.
인리아오 뿌 넝 따이 찐취
Yǐnliào bù néng dài jìnqu.
饮料不能带进去。

words)

二维码 èrwéimǎ 몡 QR 코드 / 饮料 yǐnliào 몡 음료 / 带 dài 동 지니다 / 进去 jìnqu 동 들어가다

자주 쓰이는 표현을 다양한 어휘로 연습해 봐요!

1 ~ 주세요(원해요). (track 17-03)

워 야오

Wǒ yào .

我要 。

지도 하나
이 쟝 띠투
yì zhāng dìtú
一张地图

─────

안내문(소책자) 하나
이 번 즈난
yì běn zhǐnán
一本指南

2 ~을/를 보여주세요. (track 17-04)

칭 츄쓰

Qǐng chūshì .

请出示 。

여권
후쨔오
hùzhào
护照

─────

예약 정보
위위에 씬시
yùyuē xìnxī
预约信息

138

관광 명소 입구에서 볼 수 있는 안내 표현을 알아봐요! (track 17-05)

관광객 센터
여우커 쫑신
yóukè zhōngxīn 游客中心

표 구매
셔우 피아오
shòu piào 售票

가이드
다오여우
dǎoyóu 导游

문의
원쉰
wènxún 问询

입장권 구매 방법
징취 꺼우 피아오 리(어)우쳥
jǐngqū gòu piào liúchéng
景区购票流程

#1. 중국인 대화

관광 명소에서 직원이 안내하는 표현을 알아볼게요! (track 17-06)

입구 / 출구는
저쪽에 있습니다.

루커우 / 츄커우 짜이 나삐엔
Rùkǒu / Chūkǒu zài nàbiān.
入口 / 出口在那边。

오후 3시부터
입장 가능하십니다.

싼 디엔 카이스 커이 루챵
Sān diǎn kāishǐ kěyǐ rùchǎng.
三点开始可以入场。

words)

入口 rùkǒu 명 입구 / 开始 kāishǐ 통 시작하다 / 入场 rùchǎng 통 입장하다

#2. 여행자 대화

입장권 관련하여 물어볼 수 있는 표현을 알아볼게요! (track 17-07)

매표소는 어디에 있나요?

셔우피아오츄 짜이 날
Shòupiàochù zài nǎr?
售票处在哪儿?

어디서 표를
바꿔야 하나요?

짜이 날 후안 피아오
Zài nǎr huàn piào?
在哪儿换票?

words)

售票处 shòupiàochù 명 매표소

✧ 여행에 유리한 어휘 ❷

중국 미술관 입구에 있는 안내 표현을 알아봐요! (track 17-08)

만지지 마세요
칭 우 츄모어
qǐng wù chùmō 请勿触摸

떠들지 마세요
칭 우 쉬엔후아
qǐng wù xuānhuá 请勿喧哗

흡연 금지
찐즈 시옌
jìnzhǐ xīyān 禁止吸烟

음료 및 음식물을 반입하지 마세요
칭 우 시에따이 인리아오 스핀
qǐng wù xiédài yǐnliào shípǐn
请勿携带饮料食品

사진 요청

사진 한 장 좀 찍어 주시겠어요?
커이 빵 워 파이 쟝 쨔오 마
Kěyǐ bāng wǒ pāi zhāng zhào ma?
可以帮我拍张照吗?

네.
하오 더
Hǎo de.
好的。

어떠세요? 다시 한 장 찍어 드릴까요?
전머양 야오 짜이 파이 이 쟝 마
Zěnmeyàng? Yào zài pāi yì zhāng ma?
怎么样? 要再拍一张吗?

아뇨, 잘 찍어 주셨어요. 감사합니다!
부용 러 파이 더 헌 하오 씨에씨에
Búyòng le, pāi de hěn hǎo. Xièxie!
不用了，拍得很好。谢谢!

words)

拍 pāi 동 (사진을) 찍다 / 照 zhào 명 사진 / 怎么样 zěnmeyàng 어떠하다, 어떻게 (하다)

#2. 원하는 사진 요청하기
(track 18-02)

전신으로 한 장 찍어 주실 수 있을까요?
넝 빵 워 파이 쨩 취엔션 쨔오 마
Néng bāng wǒ pāi zhāng quánshēn zhào ma?
能帮我拍张全身照吗?

네.
하오 더
Hǎo de.
好的。

가로로 찍어 드릴까요, 세로로 찍어 드릴까요?
야오 헝져 파이 하이스 쓔져 파이
Yào héngzhe pāi háishi shùzhe pāi?
要横着拍还是竖着拍?

세로로 부탁해요.
쓔져 파이 바
Shùzhe pāi ba.
竖着拍吧。

words)
全身照 quánshēn zhào 전신 사진 / 横着 héngzhe 가로로 / 竖着 shùzhe 세로로

자주 쓰이는 표현을 다양한 어휘로 연습해 봐요!

1 (저 대신) ~ 주실 수 있나요? (track 18-03)

커이 빵 워　　　　마

Kěyǐ bāng wǒ　　　ma?

可以帮我　　　吗?

카메라 좀 들다
나 이씨아 쨔오씨앙지

ná yíxià zhàoxiàngjī

拿一下照相机

이쪽에서 찍다
총 쪄삐엔 파이

cóng zhèbiān pāi

从这边拍

2 ~ 할까요 아니면 ~ 할까요? (track 18-04)

야오　　　　하이스　　　　　?

Yào　　　　háishi　　　　　?

要　　　还是　　　?

플래시를 켜다
카이 샨꾸앙떵

kāi shǎnguāngdēng

开闪光灯

플래시를 끄다
뿌 카이 샨꾸앙떵

bù kāi shǎnguāngdēng

不开闪光灯

좀 가까이에서 찍다
찐 이디얼 파이

jìn yìdiǎnr pāi

近一点儿拍

좀 멀리서 찍다
위엔 이디얼 파이

yuǎn yìdiǎnr pāi

远一点儿拍

관광 명소 사진 촬영 장소에서 볼 수 있는 표현을 알아봐요! (track 18-05)

❶

만나다
위찌엔
yùjiàn 遇见

❷

제일 아름다운 장소
쭈(에)이 메이 더 띠팡
zuì měi de dìfang
最美的地方

❶❷

가장 아름다운 곳에서, 가장 아름다운 당신을 만나다
짜이 쭈(에)이 메이 더 띠팡 위찌엔 쭈(에)이 메이 더 니
zài zuì měi de dìfang, yùjiàn zuì měi de nǐ
在最美的地方，遇见最美的你

#1. 중국인 대화

사진 요청 시 중국인이 확인할 수 있는 표현을 알아볼게요! (track 18-06)

뒷배경 나오게
찍어 드릴게요, 괜찮죠?

바 허우미엔 더 펑징 파이 찐취 하오 마
Bǎ hòumiàn de fēngjǐng pāi jìnqu, hǎo ma?

把后面的风景拍进去，好吗?

더 찍어 드릴까요?

야오 부 야오 짜이 파이 지 쟝
Yào bu yào zài pāi jǐ zhāng?

要不要再拍几张?

words)

后面 hòumiàn 명 뒤 / 风景 fēngjǐng 명 풍경, 경치

#2. 여행자 대화

사진 요청 시 필요한 표현을 알아볼게요! (track 18-07)

죄송하지만,
상반신으로 찍어 주세요.

마판 닌 빵 워 파이 쟝 빤션 쨔오
Máfan nín bāng wǒ pāi zhāng bànshēn zhào.

麻烦您帮我拍张半身照。

(가리키며)
여기 누르시면 돼요.

안 쪄리 찌(어)우 싱
Àn zhèli jiù xíng.

按这里就行。

words)

半身照 bànshēn zhào 상반신 사진 / 按 àn 동 누르다

✦ 여행에 유리한 어휘 ❷

관광 명소 사진 촬영 장소에서 볼 수 있는 안내 표현을 알아봐요! (track 18-08)

❶

나는 통무(桐木)에서 당신이 그리워요

워 짜이 통무 헌 시앙 니

wǒ zài Tóngmù hěn xiǎng nǐ

我在桐木很想你

❷

가는 길마다 순탄하길

쑤어 싱 찌에 탄투

suǒ xíng jiē tǎntú

所行皆坦途

❸

당신의 앞날에 행운이 가득하길

치엔팡 하오윈

qiánfāng hǎoyùn

前方好运

❹

바라는 것이 모두 뜻대로 되길

쑤어 니엔 찌에 루위엔

suǒ niàn jiē rúyuàn

所念皆如愿

❺

션젼(심천)의 낭만은 당신을 기다리고 있어요

션쩐 더 랑만 예 짜이 덩 니

shēnzhèn de làngmàn yě zài děng nǐ

深圳的浪漫也在等你

❻

사진 찍으면 길 잃을 걱정 없어요

파이쨔오 뿌 미루

pāizhào bù mílù

拍照不迷路

❼

다음 역은 당신의 마음 속

씨아 이 쨘 니 신리

xià yí zhàn ♥ nǐ xīnli

下一站♥你心里

Eight

쇼핑

류리쌤 브이로그

여행 가서 쇼핑하는 분들 많죠? 특히 옷이나 신발은 직접 입거나 신어 보고, 사이즈를 확인해야 구매할 수 있고, 할인까지 받으면 더할 나위 없이 좋아요. 그래서 "입어 봐도 되나요?", "할인하나요?" 같은 기본 표현부터 쇼핑할 때 바로 쓸 수 있는 표현을 모았어요!

추천 장소

중국에서 의류하면 바로 광저우(广州, 광주)가 떠올라요! 광저우는 중국 남부 최대의 무역 도시로 의류 도매시장으로 유명해 전 세계 상인들이 찾는 곳이에요. 그래서 도매, 의류 사업하시는 분들은 광저우로 많이 출장 가시고요. 상하구 보행자 거리(上下九步行街)와 메인 거리인 베이징 루(北京路)는 전통시장부터 트렌디한 브랜드 숍까지 다 모여 있어서 늘 관광객들로 붐벼요!

의상 구매

#1. 시착 문의 (track 19-01)

어서오세요, 뭐 찾으세요?
후안잉 꾸앙린 닌 쟈오 션머
Huānyíng guānglín, nín zhǎo shénme?
欢迎光临，您找什么？

제가 직접 볼테니, 일 보세요.
닌 시엔 취 망 바 워 쯔지 칸 이씨아
Nín xiān qù máng ba, wǒ zìjǐ kàn yíxià,
您先去忙吧，我自己看一下，

필요하면 다시 부를게요.
여우 쉬야오 짜이 찌아오 닌
yǒu xūyào zài jiào nín.
有需要再叫您。

(잠시 후)

이거 입어 봐도 되나요?
쪄거 커이 쓰쓰 마
Zhège kěyǐ shìshi ma?
这个可以试试吗？

돼요.
커이
Kěyǐ.
可以。

words ♪

欢迎光临 huānyíng guānglín 어서 오세요 / 找 zhǎo 동 찾다 / 忙 máng 형 바쁘다 / 自己 zìjǐ 대 자기 스스로 / 试 shì 동 입어 보다, 신어 보다

#2. 시착 후 사이즈 문의 (track 19-02)

조금 더 큰 거로 있을까요?
여우 메이여우 따 이디얼 더
Yǒu méiyǒu dà yìdiǎnr de?
有没有大一点儿的?

이건 사이즈가 하나뿐이에요.
쩌거 즈 여우 이 거 마
Zhège zhǐ yǒu yí ge mǎ.
这个只有一个码。

네, 그렇군요.
하오 더
Hǎo de.
好的。

좀 둘러보는 중이라 (보고) 다시 올게요.
워 짜이 꾸앙 이 꾸앙 란허우 짜이 후(에)이라이
Wǒ zài guàng yi guàng, ránhòu zài huílái.
我再逛一逛，然后再回来。

◇ **알아두기**

꼭 다시 돌아가지 않아도 괜찮지만, 중국에서도 '좀 둘러보고 다시 올게요.' 라고 말하는 것이 자연스러운 표현이에요. 실제로는 사양이나 정중한 거절의 의미로도 자주 쓰이니, 쇼핑할 때 가볍게 활용하면 좋아요.

words⟩

大 dà 형 크다 / 只 zhǐ 부 단지, 오직 / 码 mǎ 명 사이즈 / 逛 guàng 동 둘러보다, 구경하다 / 然后 ránhòu 접 그런 후에 / 回来 huílái 동 돌아오다

자주 쓰이는 표현을 다양한 어휘로 연습해 봐요!

1 이거 ~(해)도 되나요? (track 19-03)

쩌거 커이　　　　　**마**

Zhège kěyǐ　　　　　ma?

这个可以　　　　　吗?

시착하다
쓰 츄안
shì chuān
试穿

맛보다
챵챵
chángchang
尝尝

2 ~것 있나요? (track 19-04)

여우 메이여우　　　　　**더**

Yǒu méiyǒu　　　　　de?

有没有　　　　　的?

좀 더 작다
시아오 이디얼
xiǎo yìdiǎnr
小一点儿

좀 더 싸다
피엔이 이디얼
piányi yìdiǎnr
便宜一点儿

쇼핑할 때 필요한 의상과 소품 종류의 표현을 알아봐요! (track 19-05)

스카프
웨이찐
wéijīn
围巾

모자
마오즈
màozi
帽子

청바지
니(어)우자이쿠
niúzǎikù
牛仔裤

외투
와이타오
wàitào
外套

지갑
치엔빠오
qiánbāo
钱包

선글라스
타이양찡
tàiyángjìng
太阳镜

#1. 중국인 대화

옷 가게에서 직원이 말할 수 있는 표현을 알아볼게요! (track 19-06)

이건 프리사이즈예요.

쪄거 쓰 쥔 마
Zhège shì jūn mǎ.
这个是均码。

이 옷이 잘 어울리시네요.

쪄 찌엔 이푸 쓰허 니
Zhè jiàn yīfu shìhé nǐ.
这件衣服适合你。

words)

均码 jūn mǎ 프리사이즈 / 件 jiàn 양 옷, 물건을 세는 단위 / 衣服 yīfu 명 옷 / 适合 shìhé 동 어울리다, 적합하다

#2. 여행자 대화

옷 가게에서 물어볼 수 있는 표현을 알아볼게요! (track 19-07)

피팅룸은 어디에 있나요?

쓰이찌엔 짜이 날
Shìyījiān zài nǎr?
试衣间在哪儿?

다른 색상은 없나요?

여우 메이여우 비에 더 옌써
Yǒu méiyǒu bié de yánsè?
有没有别的颜色?

words)

试衣间 shìyījiān 탈의실 / 颜色 yánsè 명 색깔

중국의 인기 있는 카페와 디저트 가게 이름을 알아봐요! (track 19-08)

가장 유명한 프리미엄 밀크티 브랜드
시 챠
Xǐ chá
喜茶 HEYTEA

아이스크림 + 차 음료 브랜드
미 쉬에 삥청
Mì xuě bīngchéng
蜜雪冰城

최대 규모의 커피 체인 중 하나
루(에)이씽 카페이
Ruìxìng kāfēi
瑞幸咖啡 Luckin Coffee

홍콩에서 시작된 유명 디저트 체인점
만 찌 티엔핀
Mǎn jì tiánpǐn
满记甜品

매우 인기 있는 베이커리 체인점
빠오 스푸 까오디엔
Bào shīfù gāodiǎn
鲍师傅糕点 Bao's Pastry

난징의 대표 신중식 제과점, 버터떡 유명
루시 허 타오쑤
Lúxī hé táosū
泸溪河桃酥

할인 상품 구매

#1. 할인 표현 익히기　(track 20-01)

이거 얼마예요?
쩌거 뚜어샤오 치엔
Zhège duōshao qián?
这个多少钱?

지금 30% 할인 중이라, 150 위안이에요.
씨엔짜이 다 치 져 이바이 우스 쿠아이
Xiànzài dǎ qī zhé, yìbǎi wǔshí kuài.
现在打七折，一百五十块。

◇ **알아두기**

*중국에서는 할인율을 말할 때 주의해야 해요!
打 + 숫자 + 折 = 원가에서 숫자만큼 받는다는 거예요.
예) 打六折 40% 할인(원가에서 60%만 받을게요)
　　打三折 70% 할인(원가에서 30%만 받을게요)

좋아요, 이걸로 할게요.
싱 찌(어)우 쩌거 바
Xíng, jiù zhège ba.
行，就这个吧。

words)
打折 dǎzhé 통 할인하다, 세일하다 / 七折 qī zhé 30% 할인

#2. 할인 관련 단어 익히기 (track 20-02)

이거 얼마예요?
쩌거 전머 마이
Zhège zěnme mài?
这个怎么卖？

지금 두 개 사면 반값입니다.
쩌거 씨엔짜이 띠얼 찌엔 빤찌아
Zhège xiànzài dì'èr jiàn bànjià.
这个现在第二件半价。

◇ 알아두기

이 외에 다양한 세일 표현이 있어요!

减价 jiǎnjià 값을 내리다
优惠 yōuhuì 할인의

그럼 두 개 살게요.
나 워 마이 리앙 찌엔 바
Nà wǒ mǎi liǎng jiàn ba.
那我买两件吧。

네, 계산 도와 드릴게요.
하오 더 워 빵 닌 지에쟝
Hǎo de, wǒ bāng nín jiézhàng.
好的，我帮您结账。

words)

卖 mài 동 팔다 / 第 dì 접두 제 / 半价 bànjià 명 반값 / 买 mǎi 동 사다

자주 쓰이는 표현을 다양한 어휘로 연습해 봐요!

1 지금 ~ 할인 중이에요. (track 20-03)

씨엔짜이 다   져

Xiànzài dǎ   zhé.

现在打   折。

70%
싼
sān
三

15%
빠 우
bā wǔ
八五

2 이것은 지금 ~ . (track 20-04)

쩌거 씨엔짜이

Zhège xiànzài   .

这个现在   。

1+1입니다
마이 이 쏭 이
mǎi yī sòng yī
买一送一

특가로 판매합니다
터찌아 츄셔우
tèjià chūshòu
特价出售

매장에 안내되는 할인 표현을 알아봐요! (track 20-05)

할인 시즌
져커우 찌
zhékòu jì
折扣季

특가 상품
터찌아 샹핀
tèjià shāngpǐn
特价商品

시즌 한정
찌지에 씨엔띵
jìjié xiàndìng
季节限定

5개 구매 1개 증정
마이 우 쩡 이
mǎi wǔ zèng yī
买5赠1

기간 한정 세일
린 치 터후(에)이
lín qī tèhuì
临期特惠

전 상품 20% 할인
취엔 챵 빠 져
quán chǎng bā zhé
全场8折

할인 기간 중 직원이 말할 수 있는 표현을 알아볼게요! (track 20-06)

이번 주 할인 행사 중이에요.

워먼 쩌 쩌우 짜이 쭈어 여우후(에)이 후어똥
Wǒmen zhè zhōu zài zuò yōuhuì huódòng.
我们这周在做优惠活动。

지금 사시면 비교적 이득이에요.

씨엔짜이 마이 비찌아오 후아쑤안
Xiànzài mǎi bǐjiào huásuàn.
现在买比较划算。

words)

周 zhōu 명 주, 주일 / 在 zài 부 ~ 중이다 / 做 zuò 동 하다, 진행하다 / 优惠活动 yōuhuì huódòng
할인 행사 / 比较 bǐjiào 부 비교적, 더 / 划算 huásuàn 형 이득이다, 가성비가 좋다

결제 시 직원에게 말할 수 있는 표현을 알아볼게요! (track 20-07)

됐어요. / 필요하지 않아요.

부용 러
Búyòng le.
不用了。

이 가격은 할인된 가격인가요?

쩌거 찌아거 쓰 여우후(에)이 찌아 마
Zhège jiàgé shì yōuhuì jià ma?
这个价格是优惠价吗?

words)
价格 jiàgé 명 가격 / 优惠价 yōuhuì jià 할인 가격

편의점 상품의 할인 표현과 상품별 양사 표현을 알아봐요! (track 20-08)

(빵) 3개 구매시 25% 할인
싼 찌엔 치 우 져
sān jiàn qī wǔ zhé
三件七五折

(피부 관리 용품) 단품 30% 할인
딴 찌엔 치 져
dān jiàn qī zhé
单件七折

(컵라면) 2개 구매 시 20% 할인
리앙 통 빠 져
liǎng tǒng bā zhé
两桶八折

(맥주) 2캔 구매 시 25% 할인
리앙 꾸안 치 우 져
liǎng guàn qī wǔ zhé
两罐七五折

(간식) 2개 구매 시 20% 할인
리앙 찌엔 빠 져
liǎng jiàn bā zhé
两件八折

(꼬치) 3개 이상 구매 시 30% 할인
만 싼 찌엔 치 져
mǎn sān jiàn qī zhé
满三件七折

Nine

과일 가게 및 야시장

류리쌤 브이로그

여행 중 현지 과일 가게나 야시장에서 군것질하는 재미가 쏠쏠한데요. 중국 과일 가게에서는 계절 과일을 추천받거나 먹기 좋게 잘라 달라고 부탁할 수 있고, 야시장에서는 다양한 길거리 음식을 맛보며 현지 분위기를 즐길 수 있어요. "잘라 주실 수 있나요?"처럼 과일 구매할 때 필요한 표현과 야시장 먹거리 주문 표현을 모았어요!

샤먼(厦门, 하문)이라고 아시나요? 제 유튜브 브이로그에서도 인기 많은 지역 중 한 곳이에요! 중국 남쪽의 바닷가 도시로, 따뜻한 기후 덕분에 과일이 아주 맛있기로 유명한데, 특히 망고는 꼭 드셔야 해요! 또한 샤먼 야시장에서는 하이리찌엔(海蛎煎, 굴전), 샤챠미엔(沙茶面, 사차면) 같은 현지 별미가 인기랍니다. 과일 가게와 야시장에서 맛있는 먹거리를 즐기려면 간단한 표현을 몇 개만 알아둬도 훨씬 든든합니다!

과일 구매

#1. 과일 잘라 달라고 요청하기　(track 21-01)

이 수박 반 개만 살 수 있나요?
쩌거 시구아 커이 마이 빤 거 마
Zhège xīguā kěyǐ mǎi bàn ge ma?
这个西瓜可以买半个吗？

수박 반 개는 안 팔아요.
시구아 부 마이 빤 거
Xīguā bú mài bàn ge.
西瓜不卖半个。

그럼 잘라 주실 수 있나요?
나 넝 부 넝 빵 워 치에 이씨아
Nà néng bu néng bāng wǒ qiē yíxià?
那能不能帮我切一下？

✧ **알아두기**

중국에서는 과일을 구매할 때, 껍질을 깎아
달라고 물어볼 수도 있어요.
넝 빵 워 시아오 이씨아 피 마
Néng bāng wǒ xiāo yíxià pí ma?
能帮我削一下皮吗？

가능해요.
커이
Kěyǐ.
可以。

words)

西瓜 xīguā 명 수박 / 半个 bàn ge 반 개 / 切 qiē 통 자르다 / 削 xiāo 통 깎다, 벗기다 / 皮 pí 명 껍질

#2. 결제하기 (track 21-02)

✧ **알아두기**

중국 과일 가게 특징은 내가 직접
과일을 골라 근(斤) 기준으로 구매
할 수 있어요!

사과는 한 근에 5 위안입니다.
핑구어 이 찐 우 쿠아이
Píngguǒ yì jīn wǔ kuài.
苹果一斤五块。

그럼 두 근 주세요.
나 라이 리앙 찐 바
Nà lái liǎng jīn ba.
那来两斤吧。

✧ **알아두기**

来는 '오다'라는 뜻 외에 '주세요'
로 주문할 때도 자주 써요. 이 때,
뒤에 '숫자+양사'를 함께 써요!

멤버십 있으신가요?
여우 후(에)이위엔 마
Yǒu huìyuán ma?
有会员吗?

없어요.
메이여우
Méiyǒu.
没有。

words)

苹果 píngguǒ 명 사과 / 斤 jīn 양 근[1근은 500g] / 会员 huìyuán 명 멤버십

자주 쓰이는 표현을 다양한 어휘로 연습해 봐요!

1 ~(해) 주실 수 있나요? (track 21-03)

넝 부 넝 빵 워

Néng bu néng bāng wǒ   ?

能不能帮我   ?

봉지에 담다
쮸앙 이씨아 따이
zhuāng yíxià dài
装一下袋

나눠서 따로 담다
펀카이 쮸앙 이씨아
fēnkāi zhuāng yíxià
分开装一下

2 (수사 + 양사 + 명사)을 주세요. (track 21-04)

라이   바

Lái   ba.

来   吧。

리치(여지) 1근
이 찐 리즈
yì jīn lìzhī
一斤荔枝

하미과 2근
리앙 찐 하미꾸아
liǎng jīn hāmìguā
两斤哈密瓜

166

✦ 여행에 유리한 어휘 ❶

중국 과일 시장에는 어떤 과일이 있는지 알아봐요! (track 21-05)

❶

용과
후어롱구어
huǒlóngguǒ 火龙果

❷

망고스틴
샨쥬
shānzhú 山竹

❸

(왁스 애플) 연우
리엔우
liánwù 莲雾

❹

사과 대추
핑구어 자오
píngguǒ zǎo 苹果枣

❺

키위
미허우타오
míhóutáo 猕猴桃

❻

망고
망구어
mángguǒ 芒果

#1. 중국인 대화

과일 가게에서 직원이 많이 쓰는 표현을 알아볼게요! (track 21-06)

어느 것으로 하시겠어요? (고르시겠어요?)

야오 나 이 거
Yào nǎ yí ge?
要哪一个?

야오 나 이 종
Yào nǎ yì zhǒng?
要哪一种?

저희 멤버십하시면 전국 어디서나 쓰실 수 있어요.

여우 후(에)이위엔 더후아 취엔 구어 떠우 넝 통용
Yǒu huìyuán dehuà, quán guó dōu néng tōngyòng.
有会员的话，全国都能通用。

words⟩

种 zhǒng 명 종류 / 全国 quán guó 전국 / 都 dōu 부 모두, 다 / 通用 tōngyòng 동 통용되다

#2. 여행자 대화

과일 가게에서 요청할 수 있는 표현을 알아볼게요! (track 21-07)

가장 단 과일이 뭐예요?

쭈(에)이 티엔 더 쉐이구어 쓰 션머
Zuì tián de shuǐguǒ shì shénme?
最甜的水果是什么？

시식해 봐도 되나요?

커이 쓰 츠 마
Kěyǐ shì chī ma?
可以试吃吗？

words⟩

最 zuì 부 가장, 제일 / 甜 tián 형 달다 / 水果 shuǐguǒ 명 과일 / 试吃 shì chī 시식하다

과일과 관련된 표현을 알아봐요! (track 21-08)

시다
쑤안
suān
酸

신선하다
신시엔
xīnxiān
新鲜

익었다
슈 러
shú le
熟了

덜 익었다
메이 슈
méi shú
没熟

물렁하다
루안
ruǎn
软

딱딱하다
잉
yìng
硬

야시장 및 길거리 음식

#1. 주문하기 (track 22-01)

사장님, 이거 하나 주세요.
라오반 워 야오 쪄거 이 거
Lǎobǎn, wǒ yào zhège, yí ge.
老板，我要这个，一个。

파 넣을까요?
야오 부 야오 총
Yào bu yào cōng?
要不要葱?

조금만요. 그리고 좀 맵게 가능할까요?
샤오 팡 이디얼 바 란허우 라 이디얼 커이 마
Shǎo fàng yìdiǎnr ba, ránhòu là yìdiǎnr, kěyǐ ma?
少放一点儿吧，然后辣一点儿，可以吗?

가능해요.
커이
Kěyǐ.
可以。

words)
老板 lǎobǎn 몡 사장님, 가게 주인 / 葱 cōng 몡 파 / 放 fàng 동 넣다, 두다 / 辣 là 형 맵다

#2. 결제하기

track 22-02

여기서 먹고 가나요 아니면 포장하시나요?
짜이 쩔 츠 하이스 다빠오
Zài zhèr chī háishi dǎbāo?
在这儿吃还是打包?

포장해 주세요.
빵 워 다빠오 이씨아
Bāng wǒ dǎbāo yíxià.
帮我打包一下。

네, 10 위안입니다.
여기 QR 코드를 스캔하시면 돼요.
하오 스 쿠아이 싸오 쩌거 찌(어)우 싱
Hǎo, shí kuài, sǎo zhège jiù xíng.
好，十块，扫这个就行。

(스캔 후)

결제했어요.
푸완 러
Fùwán le.
付完了。

words

吃 chī 동 먹다 / 付完 fùwán 결제 완료하다

자주 쓰이는 표현을 다양한 어휘로 연습해 봐요!

❶ ~, 될까요? (track 22-03)

커이 마
kěyǐ ma?
可以吗?

좀 많이 넣다
뚜어 팡 디얼
Duō fàng diǎnr
多放点儿

아예 넣지 않다
부 야오 팡
Bú yào fàng
不要放

❷ ~하시면 됩니다. (track 22-04)

찌(어)우 싱
jiù xíng.
就行。

여기서 결제하다
짜이 쩔 푸
Zài zhèr fù
在这儿付

위챗을 쓰다
용 웨이씬
Yòng Wēixìn
用微信

중국 야시장의 맛있는 메뉴를 알아봐요! (track 22-05)

마라룽샤
마라 롱시아
málà lóngxiā
麻辣龙虾

양꼬치
양러우 츄알
yángròu chuànr
羊肉串儿

취두부
쳐우 떠우푸
chòu dòufu
臭豆腐

셩젠바오
셩찌엔 빠오
shēngjiān bāo
生煎包

오징어 철판 구이
티에반 여우위
tiěbǎn yóuyú
铁板鱿鱼

꼬치
츄알
chuànr
串儿

#1. 중국인 대화

길거리 음식 주문 시 직원이 말할 수 있는 표현을 알아볼게요! (track 22-06)

> 탕후루는 3개 섞어서 하셔야 해요.

탕후루 야오 싼 거 데이 핀

Tánghúlu yào sān ge děi pīn.

糖葫芦要三个得拼。

> 여기 번호표 잘 챙기세요.
> (가지고 계세요.)

쪄거 하오파이 나하오 바

Zhège hàopái náhǎo ba.

这个号牌拿好吧。

words)

糖葫芦 tánghúlu 명 탕후루[설탕에 절인 과일 꼬치] / 得 děi 조동 ~해야 한다 / 拼 pīn 동 섞다, 조합하다 / 号牌 hàopái 명 번호표

#2. 여행자 대화

길거리 음식 주문 시 요청할 수 있는 표현을 알아볼게요! (track 22-07)

> 종류별로 하나씩 섞어서 주문 되나요?

메이 양 라이 이 거 훈져 디엔 커이 마

Měi yàng lái yí ge hùnzhe diǎn, kěyǐ ma?

每样来一个混着点，可以吗？

> 조금 덜 맵게 가능할까요?

커이 웨이 라 마

Kěyǐ wēi là ma?

可以微辣吗？

words)

每样 měi yàng 종류별로, 모든 종류 / 混着 hùnzhe 혼합하다 / 微辣 wēi là 덜 맵다

중국 음식의 맛과 조리 방법 표현을 알아봐요! (track 22-08)

짜다
시엔
xián
咸

담백하다
칭딴
qīngdàn
清淡

굽다
카오
kǎo
烤

튀기다
쟈
zhá
炸

볶다
챠오
chǎo
炒

찌다
쩡
zhēng
蒸

Ten

마사지

류리쌤 브이로그

여행하다 보면 하루 종일 걸어 다니거나 오래 이동하느라 몸이 쉽게 피곤해져요. 이럴 땐 마사지가 좋은데, 중국에서는 발 마사지, 전신 마사지, 아로마 마사지 등 다양한 선택지가 있고, 금액도 비교적 저렴하니 꼭 경험해 보시길 추천해요!
이번에는 마사지 종류 선택부터 마사지 강도 요청까지 꼭 필요한 표현을 모았어요!

추천
장소

동양의 하와이라고 불리는 하이난(海南, 해남)을 들어 보셨나요? 중국 최남단에 있는 하이난은 따뜻한 날씨와 아름다운 해변으로 휴양지로도 유명한 곳이에요. 특히 싼야(三亚, 삼아)는 수영·서핑 같은 해양 스포츠뿐 아니라 고급 리조트와 스파 시설이 잘 발달된 것으로 유명해요. 여행객들은 바닷가에서 하루를 보낸 뒤, 현지 마사지 숍에서 발 마사지나 전신 마사지를 즐기며 피로를 푸는 경우가 많답니다!

마사지 선택 및 강도 체크

#1. 마사지 종류 선택   (track 23-01)

어떤 (마사지) 종류를 원하세요?
니 야오 쭈어 나 거 씨앙무
Nǐ yào zuò nǎ ge xiàngmù?
你要做哪个项目?

발 마사지를 원해요.
워 야오 주리아오
Wǒ yào zúliáo.
我要足疗。

시간은 30분짜리도 있고, 1시간짜리도 있어요.
여우 싼스 펀쫑 더 허 이 거 시아오스 더
Yǒu sānshí fēnzhōng de hé yí ge xiǎoshí de.
有三十分钟的和一个小时的。

30분짜리로 할게요.
쉬엔 싼스 펀쫑 더 바
Xuǎn sānshí fēnzhōng de ba.
选三十分钟的吧。

words)

项目 xiàngmù 몡 항목, 프로그램 / 足疗 zúliáo 몡 발 마사지 / 小时 xiǎoshí 몡 시간 / 选 xuǎn 통 선택하다

#2. 마사지 체크

track 23-02

(족욕 중)

온도 어떠세요?
원뚜 전머양
Wēndù zěnmeyàng?
温度怎么样？

딱 좋아요.
깡깡 하오
Gānggāng hǎo.
刚刚好。

(마사지 중)

마사지 세기는 어떠세요?
리뚜 전머양
Lìdù zěnmeyàng?
力度怎么样？

조금 살살 가능할까요?
커이 칭 이디얼 마
Kěyǐ qīng yìdiǎnr ma?
可以轻一点儿吗？

words

温度 wēndù 명 온도 / 力度 lìdù 명 세기, 강도 / 轻 qīng 형 가볍다, 약하다

자주 쓰이는 표현을 다양한 어휘로 연습해 봐요!

1 ~를 원해요. (track 23-03)

워 야오
Wǒ yào　　　　　.
我要　　　　　。

전신 마시지
취엔션
quánshēn
全身

아로마 오일 마사지
찡여우 안모어
jīngyóu ànmó
精油按摩

2 조금 ~ 가능할까요? (track 23-04)

커이　　　　이디얼 마
Kěyǐ　　　　yìdiǎnr ma?
可以　　　　一点儿吗?

더 약하다[살살]
짜이 칭
zài qīng
再轻

강하다
쫑
zhòng
重

180

중국 마사지 숍에는 어떤 품목이 있는지 알아봐요! (track 23–05)

전신 마사지
취엔션 투(에)이나
quánshēn tuīná 全身推拿

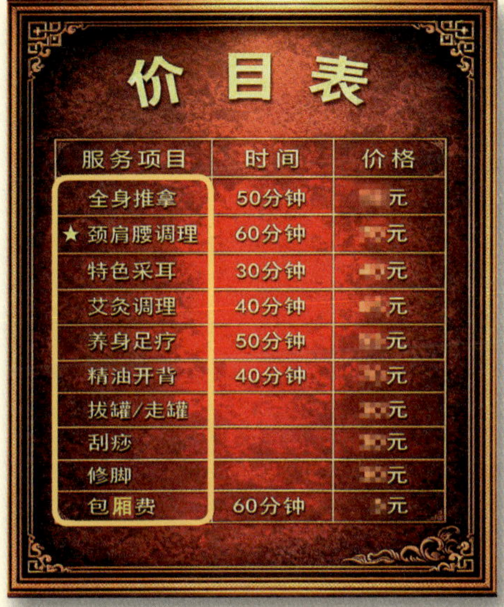

목·어깨·허리 마사지
징 찌엔 야오 티아오리
jǐng jiān yāo tiáolǐ 颈肩腰调理

귀 청소
터써 차이얼
tèsè cǎi'ěr 特色采耳

쑥뜸 관리
아이지(어)우 티아오리
àijiǔ tiáolǐ 艾灸调理

발 마사지
양션 주리아오
yǎngshēn zúliáo 养身足疗

아로마 오일 등 마사지
찡 여우 카이 뻬이
jīng yóu kāi bèi 精油开背

부항 / 부항 마사지
바꾸안 / 저우 꾸안
báguàn / zǒu guàn
拔罐 / 走罐

(각질제거) 발 관리
시(어)우지아오
xiūjiǎo 修脚

괄사
꾸아샤
guāshā 刮痧

룸 이용료
빠오시앙 페이
bāoxiāng fèi 包厢费

마사지 도중 정말 중요한 마사지사의 안내 표현을 알아볼게요! (track 23-06)

엎드리세요.

파씨아 바
Pāxià ba.
趴下吧。

누우세요.

탕씨아 바
Tăngxià ba.
躺下吧。

words)
趴 pā 동 엎드리다 / 躺 tăng 동 눕다

족욕 시 물이 너무 뜨거웠을 때 요청할 수 있는 표현을 알아볼게요! (track 23-07)

(물이) 너무 뜨거워요!

타이 탕 러
Tài tàng le!
太烫了!

시원한 물 좀 더 넣어 주세요.

마판 닌 빵 워 찌아 디얼 리앙쉐이 바
Máfan nín bāng wǒ jiā diǎnr liángshuǐ ba.
麻烦您帮我加点儿凉水吧。

words)
烫 tàng 형 뜨겁다 / 凉水 liángshuǐ 명 차가운 물, 시원한 물

✧ 여행에 유리한 어휘 ②

효과적인 마사지를 위해 신체 표현을 알아봐요! track 23-08

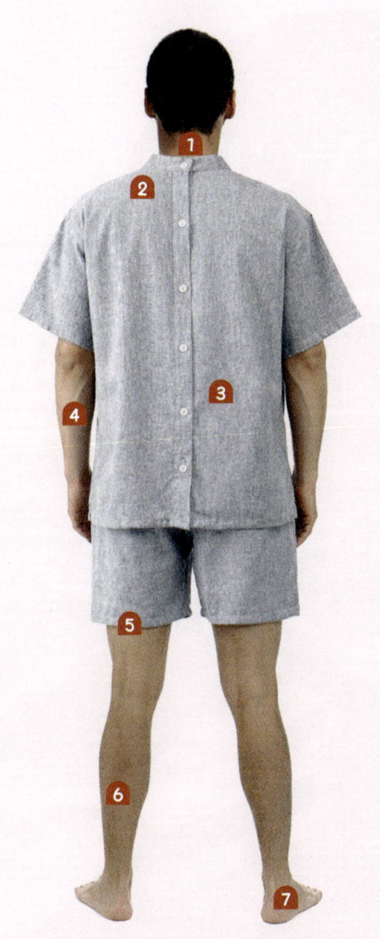

1 목
보어즈 / 징
bózi 脖子 / *jǐng* 颈

2 목·어깨 라인
찌엔 징
jiān jǐng 肩颈

3 허리
야오
yāo
腰

4 팔
꺼보어
gēbo 胳膊

5 다리
따 투(에)이
dà tuǐ 大腿

6 종아리
시아오 투(에)이
xiǎo tuǐ 小腿

7 발
지아오
jiǎo 脚

Eleven

숙소 체크아웃

류리쌤 브이로그

여행 중 숙소에서 직원들과의 소통은 생각보다 중요한 순간이 많아요.
체크아웃 시간을 변경하거나 혹은 짐을 맡기고 잠시 더 외출해야 할 때도 있기 때문이에요.
조금 더 여유로운 여행을 위해 숙소 체크아웃에서 필요한 표현을 모았어요!

중국의 오랜 수도였던 시안(西安, 서안)에 대해 아시나요? 실크로드의 시작점이자 중국 '역사 여행의 성지' 끝판왕 도시 시안! 진시황 병마용 박물관, 시안 성벽 등 유명한 관광 명소가 정말 많아요. 역사를 좋아한다면 꼭 추천해요! 역사 관련 관광 명소가 많은만큼 호텔 이용도 편리하고 체크아웃 후 짐을 맡기고 이동하기도 편합니다.

체크아웃

#1. 숙소 체크아웃 track 24-01

저기요, 체크아웃이요.
니 하오 워 야오 투(에)이 팡
Nǐ hǎo, wǒ yào tuì fáng.
你好，我要退房。

네, 룸 키를 주시고, 잠시만 기다리세요.
하오 더 게이 워 팡카 칭 샤오 덩
Hǎo de, gěi wǒ fángkǎ, qǐng shāo děng.
好的，给我房卡，请稍等。

(잠시 후)

네, 체크아웃 다 되었습니다.
하오 투(에)이 팡 찌(어)우 커이 러
Hǎo, tuì fáng jiù kěyǐ le.
好，退房就可以了。

감사합니다.
씨에씨에
Xièxie.
谢谢。

words)
退房 tuì fáng 체크아웃하다

#2. 숙소에 짐 맡기기

track 24-02

짐을 좀 맡길 수 있을까요?
커이 찌춘 이씨아 싱리 마
Kěyǐ jìcún yíxià xíngli ma?
可以寄存一下行李吗?

대략 몇 시쯤 찾으러 오실 건가요?
따까이 지 디엔 죵 라이 취
Dàgài jǐ diǎn zhōng lái qǔ?
大概几点钟来取?

1시쯤 찾으러 올게요.
이 디엔 주어여우 라이 취 바
Yī diǎn zuǒyòu lái qǔ ba.
一点左右来取吧。

네, 보관증 가져가세요.
하오 닌 나져 시아오피아오 바
Hǎo, nín názhe xiǎopiào ba.
好，您拿着小票吧。

words)

寄存 jìcún 통 맡기다, 보관하다 / 大概 dàgài 부 대략, 대충 / 钟 zhōng 명 시간, 시 / 来取 lái qǔ 와서 찾다, 수령하다 / 拿着 názhe 들고 있다, 가지고 있다 / 小票 xiǎopiào 명 보관증, 영수증

자주 쓰이는 표현을 다양한 어휘로 연습해 봐요!

1 ~를/을 주세요. (track 24-03)

게이 워

Gěi wǒ .

给我 。

보증금 확인서
야진 티아오

yājīn tiáo

押金条

짐 보관증
찌춘 파이

jìcún pái

寄存牌

2 ~을/를 좀 맡길 수 있나요? (track 24-04)

커이 찌춘 이씨아 마

Kěyǐ jìcún yíxià ma?

可以寄存一下 吗?

노트북
비찌번 띠엔나오

bǐjìběn diànnǎo

笔记本电脑

서류
원찌엔

wénjiàn

文件

숙소에서 체크아웃할 때 잊기 쉬운 소지품의 명칭을 알아봐요! (track 24-05)

휴대폰 충전기
쿵띠엔치
chōngdiànqì
充电器

여행용 멀티 어댑터
뤼싱 쥬안후안 챠터우
lǚxíng zhuǎnhuàn chātóu
旅行转换插头

보조 배터리
쿵띠엔바오
chōngdiànbǎo
充电宝

태블릿 PC
핑반 띠엔나오
píngbǎn diànnǎo
平板电脑

이어폰
얼지
ěrjī
耳机

안경
옌찡
yǎnjìng
眼镜

#1. 중국인 대화

체크아웃 시 직원의 안내 표현을 알아볼게요! (track 24-06)

묵으시면서 불편함은 없으셨나요?

넌 쮜 더 하오 마
Nín zhù de hǎo ma?
您住得好吗?

보증금은 그대로 되돌려 드릴 거예요.

야진 후(에)이 빵 넌 위엔루 판후안 더
Yājīn huì bāng nín yuánlù fǎnhuán de.
押金会帮您原路返还的。

words)

原路返还 yuánlù fǎnhuán 결제한 경로로 환불하다

#2. 여행자 대화

체크아웃 시 숙소에 짐을 맡길 때 필요한 표현을 알아볼게요! (track 24-07)

제 짐 좀 보관해 주실 수 있나요?

커이 바오구안 이씨아 워 더 싱리 마
Kěyǐ bǎoguǎn yíxià wǒ de xíngli ma?
可以保管一下我的行李吗?

1025호 룸이에요.
(방 번호는 1025호에요.)

팡 하오 쓰 야오 링 얼 우
Fáng hào shì yāo líng èr wǔ.
房号是幺零二五。

words)

保管 bǎoguǎn 동 보관하다, 맡다 / 房号 fáng hào 객실 번호

✦ 여행에 유리한 어휘 ❷

고마웠던 중국인에게 선물하기 좋은 한국 물품의 명칭을 알아봐요! （track 24-08）

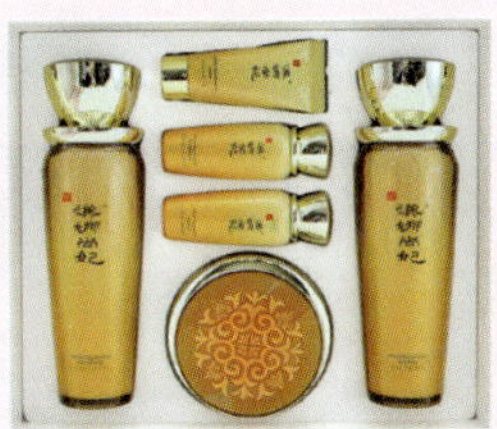

화장품
후아쭈앙핀
huàzhuāngpǐn
化妆品

마스크팩
미엔모어
miànmó
面膜

한국 간식
한구어 링스
Hánguó língshí
韩国零食

김
하이타이
hǎitái
海苔

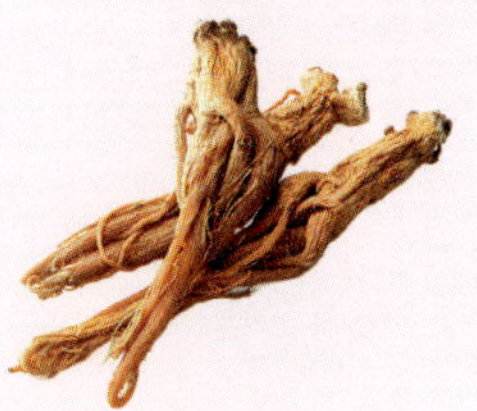

홍삼
홍션 챤핀
hóngshēn chǎnpǐn
红参产品

카카오프렌즈
커커 펑여우
kěkě péngyou
可可朋友

Twelve

공항으로 이동

류리쌤 브이로그

공항으로 가는 길과 중국 공항에서의 체크인 과정은 여행의 마지막 여정이지만 좌석 선택, 여권 확인 등 은근히 긴장되는 순간이 많아요. 중국 현지 공항에서 귀국 준비를 제대로 할 수 있게 자주 쓰이는 체크인 관련 표현을 모았어요!

추천 장소

상하이는 중국을 대표하는 국제도시답게 푸동(浦东)공항과 홍차오(虹桥)공항 두 곳이 있어요. 특히 푸동 공항은 전 세계로 연결되는 노선이 많아 한국인 여행자들이 자주 이용하는 곳입니다. 도심에서 공항까지 는 지하철·공항버스·마그레브 열차 등 다양한 교통편이 있어 편리하지만, 초행길에는 헷갈리기 쉬우니 주의하셔야 해요!

탑승 수속

탑승 수속하는 곳이 어디에요?
즈찌 타이 쓰 나 이 거
Zhíjī tái shì nǎ yí ge?
值机台是哪一个?

즈찌 타이 짜이 날
Zhíjī tái zài nǎr
值机台在哪儿?
이라고 말해도 돼요!

(가리키며)

저쪽에 있어요. 앞으로 가세요.
짜이 나삐엔 왕 치엔 저우
Zài nàbiān. Wǎng qián zǒu.
在那边。往前走。

감사합니다.
씨에씨에
Xièxie.
谢谢。

words)
值机台 zhíjī tái 탑승 수속[체크인]하는 곳 / 哪一个 nǎ yí ge 어느 것

#2. 창가 쪽 및 복도 쪽 좌석 선택

track 25-02

창가 쪽 자리 있나요?
여우 카오 츄앙 더 쭈어웨이 마
Yǒu kào chuāng de zuòwèi ma?
有靠窗的座位吗?

지금은 없어요.
씨엔짜이 메이여우
Xiànzài méiyǒu.
现在没有。

그럼 복도 쪽으로 할게요.
나 카오 꾸어따오 더 바
Nà kào guòdào de ba.
那靠过道的吧。

알겠습니다.
하오 더
Hǎo de.
好的。

words

靠 kào 동 가깝다 / 窗 chuāng 명 창문 / 座位 zuòwèi 명 좌석 / 过道 guòdào 명 복도

자주 쓰이는 표현을 다양한 어휘로 연습해 봐요!

1 ~는/은 저쪽에 있어요. (track 25-03)

짜이 나삐엔

zài nàbiān.

在那边。

탑승 게이트
떵지커우

Dēngjīkǒu

登机口

화장실
시셔우찌엔

Xǐshǒujiān

洗手间

2 ~ 있나요? (track 25-04)

여우　　　　마

Yǒu　　　*ma?*

有　　　吗?

탑승권
떵지파이

dēngjīpái

登机牌

위탁 수하물
투어윈 싱리

tuōyùn xíngli

托运行李

공항 면세점에서 선물로 좋은 중국 물품을 알아봐요! (track 25-05)

보이차
푸얼챠
pǔ'ěrchá
普洱茶

다구
챠쮜
chájù
茶具

월병
위에빙
yuèbǐng
月饼

백주
바이지(어)우
báijiǔ
白酒

실크 스카프
쓰진
sījīn
丝巾

캐릭터 굿즈
원츄앙 샹핀
wénchuàng shāngpǐn
文创商品

#1. 중국인 대화

탑승 수속 체크인 시 직원이 물어볼 수 있는 표현을 알아볼게요! (track 25-06)

탑승 수속 체크인 하셨나요?

넌 즈찌 러 마

Nín zhíjī le ma?

您值机了吗?

편도인가요 왕복인가요?

딴청 더 하이스 왕판 더

Dānchéng de háishi wǎngfǎn de?

单程的还是往返的?

words)

值机 zhíjī 통 (공항에서) 탑승 수속 체크인하다 / 单程 dānchéng 명 편도 / 往返 wǎngfǎn 통 왕복하다

#2. 여행자 대화

수하물 무게가 초과했을 때 말할 수 있는 표현을 알아볼게요! (track 25-07)

수하물 (무게) 초과 되었나요?

챠오쭁 러 마

Chāozhòng le ma?

超重了吗?

조금 봐 주시면 안 될까요? (*약간 초과라면 해 보세요!)

넝 부 넝 통롱 이씨아

Néng bu néng tōngróng yíxià?

能不能通融一下?

words)

超重 chāozhòng 통 무게가 초과되다 / 通融 tōngróng 통 융통하다, 봐주다

탑승 수속 가는 길 중국 공항 내 안내 표현을 알아봐요! (track 25-08)

라이터, 성냥 등은 위탁 수하물 반입 금지
다후어찌 후어챠이 덩 후어 죵 찐즈 팡루 투어윈 싱리
dǎhuǒjī、huǒchái děng huǒ zhǒng jìnzhǐ fàngrù tuōyùn xíngli
打火机、火柴等火种禁止放入托运行李

배터리·보조 배터리는 위탁 수하물 반입 금지
뻬이용 띠엔츠 허 "쵱띠엔바오" 찐즈 팡루 투어윈 싱리
bèiyòng diànchí hé "chōngdiànbǎo" jìnzhǐ fàngrù tuōyùn xíngli
备用电池和 "充电宝" 禁止放入托运行李

규정을 초과한 수하물은 별도 수속해 주세요
칭 닌 찌앙 챠오 꾸(에)이 챠오 찌엔 싱리 빤리 투어윈 셔우쉬
qǐng nín jiāng chāo guī、chāo jiàn xíngli bànlǐ tuōyùn shǒuxù
请您将超规、超件行李办理托运手续

✦ 중국어랑 친해지기

1. '중국어'는 어떤 언어인가요?

우리가 중국 여행에서 말해야 하는 중국어는 베이징과 북방 쪽에서 쓰는 말을 중심으로 정해진 '표준어'예요. 그 이외의 지역에서 말하는 것은 모두 '방언'이라고 합니다. 때문에 중국은 여행하는 지역마다 우리가 알고 있지 않은 말을 할 수 있어요. 하지만 우리가 '표준어'를 말하면, 그들도 '표준어'로 대화를 하니 너무 걱정 마세요! 단, 표준어 발음이 정확하지 않을 수 있다는 것은 유의해 주세요!

2. '중국어 한자'는 우리나라 한자와 같나요?

중국 한자는 '간체자'라고 하는데, 우리나라에서 쓰는 한자보다 간략하게 만든 글자예요. 홍콩과 대만에서는 '번체자'를 사용하기 때문에 여행 갔을 때 조금 더 익숙해요.

3. '한자'를 어떻게 읽나요?

중국어를 읽는 발음을 표기한 것을 '한어병음'이라 하는데, 한자를 읽기 위해 로마자로 표기한 것으로, 21개의 자음과 36개의 운모만 알면 중국어를 모두 읽을 수 있어요.

4. 중국인은 말할 때 '화'난 것처럼 들리는데, 이유가 뭘까요?

중국인이 대화하는 소리를 들을 때 싸운다고 느껴본 적이 있죠? 이것은 중국어에 '성조'가 있기 때문인데요. 하나의 글자마다 총 4개의 성조에서 하나씩 적용되어 말하다 보니 외국인이 들었을 때 오해할 수 있어요.

5. '중국어'는 영어보다 많이 어려운가요?

사실 중국어는 구조만 알면 훨씬 쉬워요. 문장 어순 '주어 + 술어 + 목적어' 순서만 기억한다면 단순하고 명확해요. 오히려 영어보다 예측할 수 있는 언어라고 할 수 있어요!

자, 그럼 중국어에 대해 궁금증과 오해가 풀렸으면, 이것만은 꼭 알고 넘어가 볼까요?

6. 성조(경성 포함)와 성조 변화

음절의 높낮이를 말하며 기본적으로 1, 2, 3, 4성 네 개의 성조와 경성이 있어요. 경성은 짧고 가볍게 발음하는 것으로 앞 음절의 성조에 따라 음높이가 정해지고 성조 부호도 따로 표기하지 않아요.

(1) 4개의 성조 + 경성 (track 26-01)

아래 성조를 '아'로 연습해 보세요!

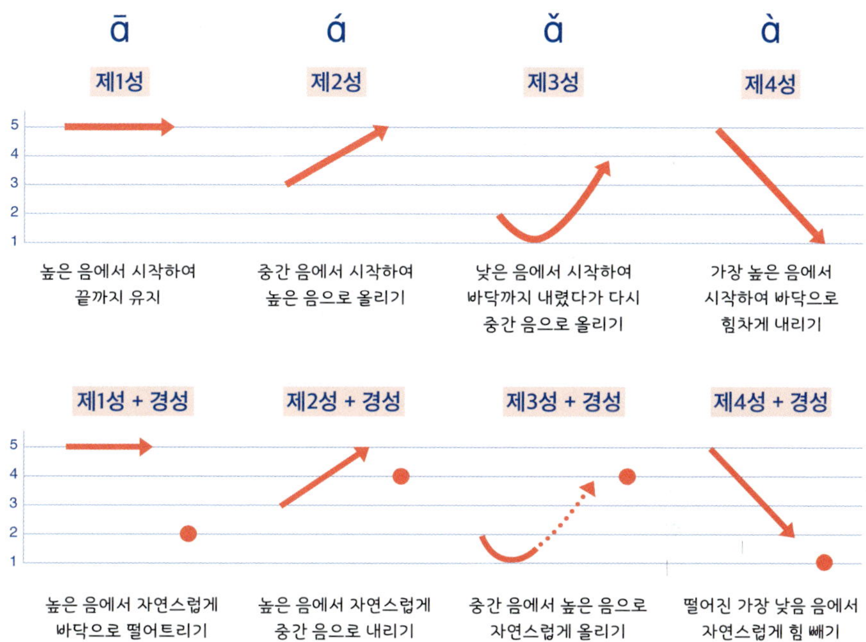

(2) 성조 표기

성조는 a, o, e, i, u, ü(*이를 '단운모'라고 함)에 표시해요. 운모가 2개 이상일 경우에는 다음의 순서대로 표기해야 해요!

① 3성의 성조 변화

3성 + 3성 ▶ 2성 + 3성	3성 + 1, 2, 4성 ▶ 반3성 + 1, 2, 4성
3성이 연속으로 올 때, 앞의 3성이 2성으로 변해요. 단, 성조 표기는 3성 그대로 해요.	3성 뒤에 1, 2, 4성이 오면 앞의 3성이 바닥까지 내렸다가 다시 올라오지 않는 반3성이 돼요. 단, 성조 표기는 3성 그대로 해요.

② 부정부사 '뿌 不 bù'의 성조 변화

不 bù 4성 + 1, 2, 3성 ▶ 그대로 bù	不 bù 4성 + 4성 ▶ 不 bú 2성 + 4성
원래 성조 그대로 4성으로 읽어요.	不 bù 뒤에 4성이 오면, 不는 2성(bú)으로 바뀌어요. 성조 표기도 2성으로 해요.

③ 숫자 1 '이 一 yī'의 성조 변화

一 yī 1성 + 4성 ▶ 一 yí 2성 + 4성	一 yī 1성 + 1, 2, 3성 ▶ 一 yì 4성 + 1, 2, 3성	단독, 서수를 나타낼 때는 그대로 yī
一 yī 뒤에 4성이 올 때, 2성으로 변해요. 성조 표기도 2성으로 해요.	一 yī 뒤에 1, 2, 3성이 오면 4성으로 변해요. 성조 표기도 4성으로 해요.	단독으로 혹은 맨 끝에 오거나, 서수(순서)를 나타낼 때는 1성 그대로 써요.

7. 발음 [성모 + 운모]

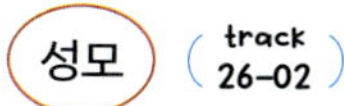 성모 (track 26-02)

음절에서 첫 소리 '성모'는 '자음'에 해당되고, 총 21개가 있어요. 성모는 단독으로 발음할 수 없기 때문에 뒤에 단운모를 붙여서 발음해요.

b(o) 뽀어	**p(o)** 포어	**m(o)** 모어

f(o) 포어 → 영어의 f처럼 윗니로 아랫입술을 살짝 스치며 발음해요!

d(e) 뜨어	**t(e)** 트어	**n(e)** 느어	**l(e)** 르어
g(e) 끄어	**k(e)** 크어	**h(e)** 흐어	

j(i) 지	**q(i)** 치	**x(i)** 시

zh(i) 즈	**ch(i)** 츠	**sh(i)** 스	**r(i)** 르

zh, ch, sh, r는 입천장에 닿지 않을만큼 혀를 말아서 발음해요!

z(i) 쯔	**c(i)** 츠	**s(i)** 쓰

zh, ch, sh, r, z, c, s 뒤에 오는 i는 '으'로 읽어요!

운모

음절에서 '성모'를 제외한 나머지를 '운모'라 하고, '모음'에 해당돼요. 운모는 총 36개가 있어요.

a	ai	ao	an	ang
	아이	아오	안	앙

o	ou	ong
	어우	옹

e는 다른 운모와 결합하면 '에'로, 성모와 결합하면 '으어'로 발음해요!

e	ei	en	eng	er
	에이	언	엉	얼

권설운모로, 단독으로 쓰이거나 단어 뒤에서 '儿화운모'를 만들어요!

i (yi)	ia (ya)	ie (ye)	iao (yao)	iou (you)	ian (yan)
	이아	이에	이아오	이어우	이엔
	in (yin)	iang (yang)	ing (ying)	iong (yong)	
	인	이앙	잉	이옹	

성모 없이 i로 시작하는 경우에는 i 대신 y를 써요. i가 단독으로 쓰이면, yi로 표기해요!

u (wu)	ua (wa)	uo (wo)	uai (wai)	uei (wei)	uan (wan)
	우아	우어	우아이	우에이	우안
	uen (wen)	uang (wang)	ueng (weng)		
	우언	우앙	우엉		

성모 없이 u로 시작하는 경우에는 u 대신 w를 써요. u가 단독으로 쓰이면, wu로 표기해요!

ü (yu)	üe (yue)	üan (yuan)	ün (yun)
	위에	위엔	윈

성모 없이 ü가 단독으로 쓰이면, yu로 표기해요!

*빨간색으로 표기한 운모는 '에'로 발음된다는 것에 주의하세요!

중국인 말! 여행자 말!

중국 여행에서는 '이거요! / 어디예요! / 얼마예요? / 결제돼요?' 이 네 가지만 말할 수 있어도 여행이
가능해요. 이것만은 꼭 알아두면 좋을 표현을 정리했어요.

(1) 중국어가 능숙하지 않을 때 필요한 문장 (track 27-01)

중국인	한국인
중국어 할 줄 아세요? 니 후(에)이 슈어 쫑원 마 Nǐ huì shuō Zhōngwén ma? 你会说中文吗?	**중국어를 못 해요.** 워 뿌 동 쫑원 Wǒ bù dǒng Zhōngwén. 我不懂中文。
알아들으세요? 팅 더 동 마 Tīng de dǒng ma? 听得懂吗?	**보여 드릴게요.** 게이 닌 칸 이씨아 Gěi nín kàn yíxià. 给您看一下。
영어 할 줄 아세요? 니 후(에)이 슈어 잉위 마 Nǐ huì shuō Yīngyǔ ma? 你会说英语吗?	**천천히 말씀해 주세요. / 못 알아 들어요.** 칭 만 디얼 슈어 / 팅 부 동 Qǐng màn diǎnr shuō. / Tīng bu dǒng. 请慢点儿说。　/ 听不懂。
잠시만요. 칭 샤오 덩 이씨아 Qǐng shāo děng yíxià. 请稍等一下。	**다시 한번 말씀해 주시겠어요?** 커이 짜이 슈어 이 삐엔 마 Kěyǐ zài shuō yí biàn ma? 可以再说一遍吗?
한국어 가능한 직원을 배정해 드릴게요. 게이 닌 안파이 후(에)이 슈어 한위 더 위엔꽁 Gěi nín ānpái huì shuō Hányǔ de yuángōng. 给您安排会说韩语的员工。	**한국어 가능한 직원이 있을까요?** 여우 메이여우 후(에)이 슈어 한위 더 위엔꽁 Yǒu méiyǒu huì shuō Hányǔ de yuángōng? 有没有会说韩语的员工?

(2) 이동 및 길 찾기 필수 문장 (track 27-02)

중국인	한국인
저쪽에 있어요. 짜이 나삐엔 Zài nàbiān. 在那边。	**이곳은 어디예요?** 쩌거 띠팡 짜이 날 Zhège dìfang zài nǎr? 这个地方在哪儿?

걸어가면 돼요.	어떻게 가요?
저우루 찌(어)우 따오 러	**전머 취**
Zǒulù jiù dào le.	Zěnme qù?
走路就到了。	怎么去?
택시 타세요.	걸어갈 수 있나요?
다쳐 취 바	**커이 저우루 취 마**
Dǎchē qù ba.	Kěyǐ zǒulù qù ma?
打车去吧。	可以走路去吗?
쭉 가세요.	여기서 멀어요?
이즈 저우	**리 쩔 위엔 마**
Yìzhí zǒu.	Lí zhèr yuǎn ma?
一直走。	离这儿远吗?
아주 가까워요. / 조금 멀어요.	
헌 찐 / 여우디얼 위엔	
Hěn jìn. / Yǒudiǎnr yuǎn.	
很近。 / 有点儿远。	

(3) 식당 및 카페에서 꼭 필요한 문장 (track 27-03)

중국인 / **한국인**

몇 분이세요?	이거요.
지 웨이	**쩌거**
Jǐ wèi?	Zhège.
几位?	这个。
이쪽으로 오세요.	이거로 하나 주세요.
쪄삐엔 칭	**워 야오 쪄거 이 거**
Zhèbiān qǐng.	Wǒ yào zhège, yí ge.
这边请。	我要这个，一个。
이거 맛있어요.	매워요?
쪄거 하오츠	**라 마**
Zhège hǎochī.	Là ma?
这个好吃。	辣吗?

필요해요, 안 필요해요?	맵지 않게 해 주세요.
야오 부 야오	부야오 라
Yào bu yào?	Búyào là.
要不要？	不要辣。

(4) 쇼핑 및 가격 관련 문장 (track 27-04)

중국인	한국인
편하게 보세요.	**얼마예요?**
수(에)이삐엔 칸칸 바	뚜어샤오 치엔
Suíbiàn kànkan ba.	Duōshao qián?
随便看看吧。	多少钱？
안 돼요.	**너무 비싸요.**
뿌 싱	타이 꾸(에)이 러
Bù xíng.	Tài guì le.
不行。	太贵了。
좀 싸게 해 줄게요.	**조금 깎아 줄 수 있어요?**
게이 니 피엔이 이디얼 바	커이 피엔이 이디얼 마
Gěi nǐ piányi yìdiǎnr ba.	kěyǐ piányi yìdiǎnr ma?
给你便宜一点儿吧。	可以便宜一点儿吗？
최저가예요.	**다른 것도 있어요?**
이징 쓰 쭈(에)이 띠 찌아 러	여우 메이여우 비에 더
Yǐjīng shì zuì dī jià le.	Yǒu méiyǒu bié de?
已经是最低价了。	有没有别的？

(5) 결제 및 돈 관련 문장 (track 27-05)

중국인	한국인
QR 코드를 스캔하시면 돼요. **싸오마 찌(어)우 커이 러** Sǎomǎ jiù kěyǐ le. 扫码就可以了。	**알리페이(즈푸바오)로 할게요.** **용 쯔푸바오 바** Yòng Zhīfùbǎo ba. 用支付宝吧。
결제됐어요. **푸하오 러** Fùhǎo le. 付好了。	**카드 결제 돼요?** **커이 슈아카 마** Kěyǐ shuākǎ ma? 可以刷卡吗?
현금도 돼요. **씨엔찐 예 커이** Xiànjīn yě kěyǐ. 现金也可以。	**현금 돼요?** **씨엔찐 커이 마** Xiànjīn kěyǐ ma? 现金可以吗?

(6) 숙소 및 시설 이용 문장 (track 27-06)

중국인	한국인
예약하셨어요? **니 여우 위위에 마** Nǐ Yǒu yùyuē ma? 你有预约吗?	**예약했어요.** **워 여우 위위에** Wǒ yǒu yùyuē. 我有预约。
여권 주세요. **칭 게이 워 칸 이씨아 후쨔오** Qǐng gěi wǒ kàn yíxià hùzhào. 请给我看一下护照。	**제 여권이에요.** **쩌 쓰 워 더 후쨔오** Zhè shì wǒ de hùzhào. 这是我的护照。
1층에 있어요. **짜이 이 러우** Zài yī lóu. 在一楼。	**화장실이 어디예요?** **시셔우찌엔 짜이 날** Xǐshǒujiān zài nǎr? 洗手间在哪儿?
여기 와이파이 비밀번호요. **쩌 쓰 와이파이 미마** Zhè shì Wi-Fi mìmǎ. 这是Wi-Fi密码。	**와이파이 비밀번호가 뭐에요?** **와이파이 미마 쓰 뚜어샤오** Wi-Fi mìmǎ shì duōshao? Wi-Fi密码是多少?

(7) 문제 및 비상 상황 문장 (track 27-07)

중국인

중국인
잠깐만요.
덩 이씨아
Děng yíxià.
等一下。
지금은 안 돼요.
씨엔짜이 뿌 싱
Xiànzài bù xíng.
现在不行。
제가 도와줄게요.
워 빵 니
Wǒ bāng nǐ.
我帮你。
이건 없어요.
메이 쩌거
Méi zhège.
没这个。
잠깐만요.
덩 이씨아
Děng yíxià.
等一下。

한국인

한국인
아니에요. / 틀려요.
부 뚜(에)이
Bú duì.
不对。
문제가 있어요.
여우 원티
Yǒu wèntí.
有问题。
도와주세요.
빵방 워
Bāngbang wǒ.
帮帮我。
길을 잃었어요.
워 미루 러
Wǒ mílù le.
我迷路了。
이곳을 못 찾겠어요.
워 쟈오 부 따오 쩌거 디팡
Wǒ zhǎo bu dào zhège dìfang.
我找不到这个地方。

(8) 약국에서 사용할 문장 (track 27-08)

중국인
어디가 불편하세요?
니 날 뿌 슈푸
Nǐ nǎr bù shūfu?
你哪儿不舒服?
해열제 드릴게요.
게이 닌 투(에)이샤오 야오
Gěi nín tuìshāo yào.
给您退烧药。

한국인
열이 나고 기침 해요.
워 파샤오 커써우
Wǒ fāshāo、késou.
我发烧、咳嗽。
감기약 있나요?
여우 메이여우 간마오 야오
Yǒu méiyǒu gǎnmào yào?
有没有感冒药?

하루 세 번, 한 번에 두 알씩이요.	이 약은 어떻게 먹나요?
이티엔 싼 츠 이 츠 리앙 피엔	쩌거 야오 전머 츠
Yìtiān sān cì, yí cì liǎng piàn.	Zhège yào zěnme chī?
一天三次，一次两片。	这个药怎么吃？
식사 후에 드세요.	네, 한 상자 부탁드릴게요.
판 허우 츠	하오 더 게이 워 이 허
Fàn hòu chī.	Hǎo de, gěi wǒ yì hé.
饭后吃。	好的，给我一盒。

목적별 여행 회화

(1) 관광 여행  (track 28-01)

여기가 유명한 관광 명소예요.	여기가 인터넷에서 유명한 핫플레이스죠?
쩌 쓰 여우밍 더 징디엔	쩌리 쓰 왕훙 다카띠 마
Zhè shì yǒumíng de jǐngdiǎn.	Zhèli shì wǎnghóng dǎkǎdì ma?
这是有名的景点。	这里是网红打卡地吗？
여기서 사진 찍을 수 있어요.	입장권은 어디서 사요?
커이 짜이 쩌리 파이쨔오	먼피아오 짜이 날 마이
Kěyǐ zài zhèli pāizhào.	Ménpiào zài nǎr mǎi?
可以在这里拍照。	门票在哪儿买？
사전 예약이 필요해요.	사진 찍어도 돼요?
쉬야오 티치엔 위위에	커이 파이쨔오 마
Xūyào tíqián yùyuē.	Kěyǐ pāizhào ma?
需要提前预约。	可以拍照吗？
관람 시간은 약 1시간이에요.	얼마나 걸려요?
여우란 스찌엔 따까이 이 거 시아오스	따까이 야오 뚜어지(어)우
Yóulǎn shíjiān dàgài yí ge xiǎoshí.	Dàgài yào duōjiǔ?
游览时间大概一个小时。	大概要多久？

(2) 골프 여행 (track 28-02)

중국인 / 한국인

오늘 예약하셨어요?
찐티엔 여우 위위에 마
Jīntiān yǒu yùyuē ma?
今天有预约吗?

예약했어요.
워 여우 위위에
Wǒ yǒu yùyuē.
我有预约。

나이스 샷! / 굿샷!
피아오리앙
Piàoliang!
漂亮!

골프 치러 왔어요.
워 라이 다 까오얼푸
Wǒ lái dǎ gāo'ěrfū.
我来打高尔夫。

총 18홀입니다.
이꽁 스빠 똥
Yígòng shíbā dòng.
一共十八洞。

골프채 대여돼요?
커이 쭈 치(어)우깐 마
Kěyǐ zū qiúgān ma?
可以租球杆吗?

골프채를 빌릴 수 있어요.
커이 쭈 치(어)우깐
Kěyǐ zū qiúgān.
可以租球杆。

한 라운드에 얼마나 걸려요?
다 이 챵 야오 뚜어지(어)우
Dǎ yì chǎng yào duōjiǔ?
打一场要多久?

(3) 쇼핑 여행 (track 28-03)

중국인 / 한국인

이건 신상품이에요.
쩌 쓰 신쿠안
Zhè shì xīnkuǎn.
这是新款。

이걸 사고 싶어요.
워 시앙 마이 쩌거
Wǒ xiǎng mǎi zhège.
我想买这个。

입어 보셔도 돼요.
커이 스스
Kěyǐ shìshi.
可以试试。

다른 색 있어요?
여우 비에 더 옌써 마
Yǒu bié de yánsè ma?
有别的颜色吗?

지금 할인 중이에요.
워먼 띠엔 씨엔짜이 쭈어 터찌아
Wǒmen diàn xiànzài zuò tèjià.
我们店现在做特价。

조금 깎아 줄 수 있어요?
커이 피엔이 이디얼 마
Kěyǐ piányi yìdiǎnr ma?
可以便宜一点儿吗?

이게 인기 많아요.

씨엔짜이 쪄거 터비에 셔우 후안잉

Xiànzài zhège tèbié shòu huānyíng.

现在这个特别受欢迎。

이걸로 할게요.

워 야오 쪄거

Wǒ yào zhège.

我要这个。

(4) 효도 여행 (track 28-04)

중국인

이쪽이 좀 조용해요.

쪄삐엔 비찌아오 안찡

Zhèbiān bǐjiào ānjìng.

这边比较安静。

많이 걷지 않아도 돼요.

부용 저우 타이 뚜어

Búyòng zǒu tài duō.

不用走太多。

엘리베이터 있어요.

여우 띠엔티

Yǒu diàntī.

有电梯。

천천히 둘러보셔도 돼요.

커이 만말 칸칸

Kěyǐ mànmanr kànkan.

可以慢慢儿看看。

한국인

부모님과 함께 여행 왔어요.

워 껀 푸무 라이 뤼여우 러

Wǒ gēn fùmǔ lái lǚyóu le.

我跟父母来旅游了。

어르신께 괜찮아요?

스허 라오런 마

Shìhé lǎorén ma?

适合老人吗?

많이 걷고 싶지 않아요.

뿌 시앙 저우 타이 뚜어

Bù xiǎng zǒu tài duō.

不想走太多。

여기 앉아서 쉴 수 있나요?

커이 짜이 쪄리 쭈어 후얼 마

Kěyǐ zài zhèli zuò huìr ma?

可以在这里坐会儿吗?

여행 생존 20문장

(1) 중국인이 자주 하는 말 (track 29-01)

몇 분이세요? 지 웨이 Jǐ wèi? 几位?	**이쪽으로 오세요.** 쪄삐엔 저우 Zhèbiān zǒu. 这边走。
이거 맛있어요. 쪄거 하오츠 Zhège hǎochī. 这个好吃。	**매워요, 안 매워요?** 라 부 라 Là bu là? 辣不辣?
필요하세요? 야오 부 야오 Yào bu yào? 要不要?	**얼마예요?** 뚜어샤오 치엔 Duōshao qián? 多少钱?
QR 코드로 결제하세요. 커이 싸오마 Kěyǐ sǎomǎ. 可以扫码。	**결제됐어요.** 푸하오 러 Fùhǎo le. 付好了。
예약하셨어요? 여우 위위에 마 Yǒu yùyuē ma? 有预约吗?	**여권 주세요.** 게이 워 칸 이씨아 닌 더 후쨔오 Gěi wǒ kàn yíxià nín de hùzhào. 给我看一下您的护照。
위층에 있어요. 짜이 러우쌍 Zài lóushàng. 在楼上。	**아래층에 있어요.** 짜이 러우씨아 Zài lóuxià. 在楼下。
화장실은 이쪽이에요. 쪄삐엔 쓰 시셔우찌엔 Zhèbiān shì xǐshǒujiān. 这边是洗手间。	**여기 와이파이 비밀번호예요.** 쪄 쓰 와이파이 미마 Zhè shì Wi-Fi mìmǎ. 这是Wi-Fi密码。

이건 없어요.	안 돼요.
메이 쩌거	**뿌 싱**
Méi zhège.	Bù xíng.
没这个。	不行。
잠깐만 기다리세요.	**걸어가면 돼요.**
샤오 덩 이씨아	**저우루 찌(어)우 따오 러**
Shāo děng yíxià.	Zǒulù jiù dào le.
稍等一下。	走路就到了。

(2) 한국인이 자주 해야 하는 말 (track 29-02)

중국어를 몰라요.	천천히 말씀해 주세요.
워 뿌 동 쫑원	**칭 만 디얼 슈어**
Wǒ bù dǒng Zhōngwén.	Qǐng màn diǎnr shuō.
我不懂中文。	请慢点儿说。
다시 말해 줄 수 있나요?	**이걸로 할게요.**
커이 짜이 슈어 이 삐엔 마	**워 야오 쩌거**
Kěyǐ zài shuō yí biàn ma?	Wǒ yào zhège.
可以再说一遍吗?	我要这个。
맵지 않게 해 주세요.	**포장해 주세요.**
부야오 라	**다빠오 이씨아**
Búyào là.	Dǎbāo yíxià.
不要辣。	打包一下。
여기로 가 주세요.	**어떻게 가요?**
워 야오 취 쩌리	**전머 취**
Wǒ yào qù zhèli.	Zěnme qù?
我要去这里。	怎么去?
여기서 멀어요?	**얼마예요?**
리 쩔 위엔 마	**뚜어샤오 치엔**
Lí zhèr yuǎn ma?	Duōshao qián?
离这儿远吗?	多少钱?

너무 비싸요.
타이 꾸(에)이 러
Tài guì le.
太贵了。

알리페이(즈푸바오) 돼요?
커이 용 쯔푸바오 마
Kěyǐ yòng Zhīfùbǎo ma?
可以用支付宝吗？

현금 돼요?
씨엔찐 커이 마
Xiànjīn kěyǐ ma?
现金可以吗？

화장실 어디예요?
시셔우찌엔 짜이 날
Xǐshǒujiān zài nǎr?
洗手间在哪儿？

이곳을 못 찾겠어요.
워 쟈오 부 따오 쩌거 띠팡
Wǒ zhǎo bu dào zhège dìfang.
我找不到这个地方。

조금 깎아 줄 수 있나요?
커이 피엔이 이디얼 마
Kěyǐ piányi yìdiǎnr ma?
可以便宜一点儿吗？

카드 결제 돼요?
커이 슈아카 마
Kěyǐ shuākǎ ma?
可以刷卡吗？

와이파이 있어요?
여우 와이파이 마
Yǒu Wi-Fi ma?
有Wi-Fi吗？

길을 잃었어요.
워 미루 러
Wǒ mílù le.
我迷路了。

도와주세요.
빵방 워
Bāngbang wǒ.
帮帮我。

ㄱ

한국어	발음	중국어
가격	찌아거	jiàgé 价格
가깝다	카오	kào 靠
가늘고 긴 것을 세는 단위	티아오	tiáo 条
가다	취	qù 去
가량, 안팎	주어여우	zuǒyòu 左右
가로로	헝져	héngzhe 横着
가볍다, 약하다	칭	qīng 轻
가이드	다오여우	dǎoyóu 导游
가장 좋다	쭈(에)이하오	zuìhǎo 最好
가장, 제일	쭈(에)이	zuì 最
가져다 드리다	게이 닌 나	gěi nín ná 给您拿
간판	파이	pái 牌
감전 조심	시아오신 츄띠엔	xiǎoxīn chùdiàn 小心触电
갑각류	지아치아오 레이	jiǎqiào lèi 甲壳类
강냉방칸	치앙 렁	qiáng lěng 强冷
강하다	쫑	zhòng 重
객실 번호	팡 하오	fáng hào 房号
거리 비용	리청 페이	lǐchéng fèi 里程费
거울 앞 등	찡 치엔 떵	jìng qián dēng 镜前灯
건너가다	꾸어취	guòqù 过去
건조	홍	hōng 烘
건조기	홍깐지	hōnggānjī 烘干机
걷다	저우루	zǒulù 走路
걷다	저우	zǒu 走
걸어서 가다	저우 꾸어취	zǒu guòqu 走过去
결제 금액	따이 셔우 찐어	dài shōu jīn'é 待收金额
결제 성공	찌아오이 청꽁	jiāoyì chénggōng 交易成功
결제 업체[호텔명]	셔우쿠안 딴우(에)이	shōukuǎn dānwèi 收款单位
결제 영수증 [보증금]	셔우쿠안 셔우쮜	shōukuǎn shōujù 收款收据
결제 완료하다	푸완	fùwán 付完
결제 전 영수증	위지에딴	yùjiédān 预结单
결제가 완료되다	싸오 꾸어취	sǎo guòqu 扫过去
결제한 경로로 환불하다	위엔루 판후안	yuánlù fǎnhuán 原路返还
계단 조심	시아오신 타이찌에	xiǎoxīn táijiē 小心台阶
계란	찌딴	jīdàn 鸡蛋
계산 담당자	츄나	chūnà 出纳
계산서	쨩딴	zhàngdān 账单
계산하다	마이딴	mǎidān 买单
계산하다, 결제하다	지에쨩	jiézhàng 结账
계획하다	다쑤안	dǎsuàn 打算
고맙습니다	씨에씨에	xièxie 谢谢
고수	시앙차이	xiāngcài 香菜
곧 ~하다	쿠아이야오 러	kuàiyào…le 快要…了
곧, 바로	마샹	mǎshàng 马上
공제하다, 빼다	커우츄	kòuchú 扣除
공항	찌창	jīchǎng 机场
공항 급행 열차	찌창 쿠아이 씨엔	jīchǎng kuàixiàn 机场快线

과일	쉐이구어	shuǐguǒ 水果
관광객 센터	여우커 쭝신	yóukè zhōngxīn 游客中心
괄사	꾸아샤	guāshā 刮痧
괜찮다, 적합하다	팡삐엔	fāngbiàn 方便
괜찮습니다, 필요 없어요	부용 러	búyòng le 不用了
교통 기관의 운행 표를 세는 단위	빤	bān 班
구매를 완료하다	마이하오	mǎihǎo 买好
구역	취	qū 区
굽다	카오	kǎo 烤
귀 청소	터써 차이얼	tèsè cǎi'ěr 特色采耳
그 밖에	링와이	lìngwài 另外
그 외	치타	qítā 其他
그다지 ~하지 않다	부 타이	bú tài 不太
그런 후에	란허우	ránhòu 然后
그렇다면, 그러면	나	nà 那
그릇	완	wǎn 碗
근[1근은 500g]	찐	jīn 斤
근처	푸찐	fùjìn 附近
금액	찐어	jīn'é 金额
금연룸	우옌 팡	wúyān fáng 无烟房
기간 한정 세일	린 치 터후(에)이	lín qī tèhuì 临期特惠
기본 요금	치뿌찌아	qǐbùjià 起步价
기사님[호칭]	스푸	shīfu 师傅
기차 역	후어쳐 짠	huǒchē zhàn 火车站
길	루	lù 路

길 따라 가세요	옌져 저우	yánzhe zǒu 沿着走
길을 건너세요	꾸어 마루	guò mǎlù 过马路
김	하이타이	hǎitái 海苔
깎다, 벗기다	시아오	xiāo 削
껍질	피	pí 皮
꿔바로우	꾸어바오러우	guōbāoròu 锅包肉
끝내다	쭈어완	zuòwán 做完
끝번호	웨이하오	wěihào 尾号

ㄴ

나에게 보여주다	게이 워 칸	gěi wǒ kàn 给我看
(음식이) 나오다	쌍	shàng 上
나오지 않았다	메이 츄라이	méi chūlái 没出来
나이프와 포크	따오 챠	dāo chā 刀叉
날짜	르치	rìqī 日期
남기다	리(어)우	liú 留
납부자	찌아오 라이	jiāo lái 交来
내다, 지불하다	푸꾸어	fùguo 付过
너무	타이	tài 太
넣다, 두다	팡	fàng 放
년	니엔	nián 年
노선	루	lù 路
노트북	비찌번 띠엔나오	bǐjìběn diànnǎo 笔记本电脑
높다	까오	gāo 高
누르다	안	àn 按
눕다	탕	tǎng 躺
느리다	만	màn 慢
늦다	완	wǎn 晚

ㄷ		
다구	챠쮜	chájù 茶具
다른 것	비에 더	bié de 别的
다리	따 투(에)이	dà tuǐ 大腿
다시 한번 말하다	짜이 슈어 이 삐엔	zài shuō yí biàn 再说一遍
다시, 또	짜이	zài 再
단가	딴찌아	dānjià 单价
단지, 오직	즈	zhǐ 只
닫다	꾸안먼	guānmén 关门
달다	티엔	tián 甜
닭고기 덮밥	찌러우 미판	jīròu mǐfàn 鸡肉米饭
닭고기 면	찌러우 미엔 티아오	miàntiáo 鸡肉面条
담백하다	칭딴	qīngdàn 清淡
담요	탄즈	tǎnzi 毯子
당도	티엔 뚜	tián dù 甜度
대기 걸다, 줄을 서다	파이 하오	pái hào 排号
대기 구역	덩따이 취	děngdài qū 等待区
대기 등록 경로	취하오 취 따오	qǔhào qúdào 取号渠道
대기 등록 시간	취하오 스 찌엔	qǔhào shíjiān 取号时间
대략, 대충	따까이	dàgài 大概
대조하다, 확인하다	허뚜(에)이	héduì 核对
대중교통	꽁꽁 찌아오 통	gōnggòng jiāotōng 公共交通
대표 요리 [시그니처]	쨔오파이 차이	zhāopáicài 招牌菜
더블침대 룸	따츄앙 팡	dàchuáng fáng 大床房

더하다, 보태다	찌아	jiā 加
덜 맵다	웨이 라	wēi là 微辣
덜 익었다	메이 슈	méi shú 没熟
도착	따오다	dàodá 到达
도착하다	따오	dào 到
돌아오다	후(에)이라이	huílái 回来
돕다	빵	bāng 帮
둘러보다, 구경하다	꾸앙	guàng 逛
뒤	허우미엔	hòumiàn 后面
들고 있다, 가지고 있다	나져	názhe 拿着
들다, 가져오다	나	ná 拿
들어 올리다	쥐	jǔ 举
들어가다	찐취	jìnqu 进去
등받이	카오삐이	kàobèi 靠背
디디 전용 우선 배차 (차량)	디디 터쿠아이	Dīdī tèkuài 滴滴特快
디디 프리미엄 차량	디디 쮸안쳐	Dīdī zhuānchē 滴滴专车
디럭스 스위트룸	하오후아 타오팡	háohuá tàofáng 豪华套房
디카페인	띠 인	dī yīn 低因
딱딱하다	잉	yìng 硬
땅콩	후아셩	huāshēng 花生
떨어뜨리다, 떨어지다	띠아오	diào 掉
뜨겁게	러	rè 热
뜨겁다	탕	tàng 烫

ㄹ		
라운지	시(어)우시 취	xiūxi qū 休息区

~로 부터	총	cóng 从
룸 이용료	빠오시앙 페이	bāoxiāng fèi 包厢费
룸 키	팡카	fángkǎ 房卡
룸[별실]	빠오찌엔	bāojiān 包间
리즈바[관광 명소]	리즈빠	Lǐzǐbà 李子坝
린스	후파쑤	hùfàsù 护发素

□

마스크	커우쨔오	kǒuzhào 口罩
마스크팩	미엔모어	miànmó 面膜
마시다	허	hē 喝
마중하다	찌에	jiē 接
막, 바로	깡	gāng 刚
만약	루구어	rúguǒ 如果
많다	뚜어	duō 多
말씀 좀 묻겠습니다	칭원	qǐngwèn 请问
말하다	빠오	bào 报
맛보다	챵챵	chángchang 尝尝
맛있는 음식	메이스	měishí 美食
망고	망구어	mángguǒ 芒果
망고스틴	샨쥬	shānzhú 山竹
맞은편	뚜(에)이미엔	duìmiàn 对面
맞은편에 있어요	짜이 뚜(에)이미엔	zài duìmiàn 在对面
맡기다, 보관하다	찌춘	jìcún 寄存
매표소	셔우피아오츄	shòupiàochù 售票处
맥주	피지(어)우	píjiǔ 啤酒
맵다	라	là 辣
머무르다	따이	dāi 待

먹다	츠	chī 吃
먼저	시엔	xiān 先
멀다	위엔	yuǎn 远
멀티 어댑터	뤼싱 쥬안후안 챠터우	lǚxíng zhuǎnhuàn chātóu 旅行转换插头
메뉴를 주문하다	디엔 딴	diǎn dān 点单
메뉴명	차이핀 밍청	càipǐn míngchēng 菜品名称
메모지	삐엔 치엔 즈	biàn qiān zhǐ 便签纸
멤버십	후(에)이위엔	huìyuán 会员
며칠	지 티엔	jǐ tiān 几天
몇	지	jǐ 几
몇 박	지 완	jǐ wǎn 几晚
몇 호선	지 하오 씨엔	jǐ hào xiàn 几号线
모두, 다	떠우	dōu 都
모자	마오즈	màozi 帽子
모퉁이에 있어요	짜이 지아오 루어	zài jiǎoluò 在角落
목	보어즈	bózi 脖子
목	징	jǐng 颈
목·어깨 라인	찌엔 징	jiān jǐng 肩颈
목·어깨·허리 마사지	징 찌엔 야오 티아오리	jǐng jiān yāo tiáolǐ 颈肩腰调理
목욕 수건	위찐	yùjīn 浴巾
목적지	무띠 띠	mùdì dì 目的地
무겁다	쫑	zhòng 重
무게가 초과되다	챠오쫑	chāozhòng 超重
무료	미엔페이	miǎnfèi 免费
무설탕	우 탕	wú táng 无糖

무엇, 무슨	션머	shénme 什么
묵다	쮸	zhù 住
문의	원쉰	wènxún 问询
문장 뒤에 붙어 확인 뉘앙스를 나타냄	바	ba 吧
문제	원티	wèntí 问题
물렁하다	루안	ruǎn 软
물이 내려가다	씨아 쉐이	xià shuǐ 下水
물티슈	스찐	shījīn 湿巾
미끄럼 조심	땅신 후아 다오	dāngxīn huádǎo 当心滑倒

ㅂ

바깥	와이	wài 外
바꾸다	후안	huàn 换
바꾸다, 변경하다	가이청	gǎichéng 改成
바디 클렌져	무위루	mùyùlù 沐浴露
바로 등록	리지 떵루	lìjí dēnglù 立即登录
바로, 곧	찌(어)우	jiù 就
바쁘다	망	máng 忙
반 개	빤 거	bàn ge 半个
반값	빤찌아	bànjià 半价
반드시, 꼭	이띵	yídìng 一定
받다	셔우	shōu 收
발	지아오	jiǎo 脚
(각질제거) 발 관리	시(어)우지아오	xiūjiǎo 修脚
발 마사지	주리아오	zúliáo 足疗
발 마사지	양선 주리아오	yǎngshēn zúliáo 养身足疗

발생하다, 생기다	츄	chū 出
방	팡찌엔	fángjiān 房间
방금	깡깡	gānggāng 刚刚
방을 세는 양사	찌엔	jiān 间
방해 금지	우 라오	wù rǎo 勿扰
방향을 바꾸다, 돌다	구아이	guǎi 拐
배수구	띠러우	dìlòu 地漏
배정하다, 안배하다	안파이	ānpái 安排
백주	바이지(어)우	báijiǔ 白酒
버스	꽁찌아오쳐	gōngjiāochē 公交车
버스 정류장	꽁찌아오쳐 짠	gōngjiāochē zhàn 公交车站
번, 차례	츠	cì 次
번거롭게 하다	마판	máfan 麻烦
번호	하오	hào 号
번호	하오마	hàomǎ 号码
번호표	하오파이	hàopái 号牌
번호표를 받다	나 하오	ná hào 拿号
변경하다	시(어)우가이	xiūgǎi 修改
병	핑	píng 瓶
보관증, 영수증	시아오피아오	xiǎopiào 小票
보관하다, 맡다	바오구안	bǎoguǎn 保管
보내다, 건네주다	쏭 꾸어취	sòng guòqu 送过去
보다	칸	kàn 看
보다	칸따오	kàndào 看到
보이차	푸얼챠	pǔ'ěrchá 普洱茶
보조 배터리	츙띠엔바오	chōngdiànbǎo 充电宝

보증금	야진	yājīn 押金
보증금 확인서	야진 티아오	yājīn tiáo 押金条
보행하다	뿌싱	bùxíng 步行
복도	꾸어따오	guòdào 过道
복도 등	랑 떵	láng dēng 廊灯
복숭아	타오즈	táozi 桃子
볶다	챠오	chǎo 炒
부르다	찌아오	jiào 叫
~부터 ~까지	총 따오	cóng…dào… 从…到…
부항	바꾸안	báguàn 拔罐
부항 마사지	저우 꾸안	zǒu guàn 走罐
분[사람을 세는 단위]	웨이	wèi 位
분[소요 시간]	펀죵	fēnzhōng 分钟
비교적, 더	비찌아오	bǐjiào 比较
비누	페이짜오	féizào 肥皂
비밀 번호	미마	mìmǎ 密码
비상구 통로	진지 통따오	jǐnjí tōngdào 紧急通道
비용	페이용	fèiyong 费用
비용을 받다	셔우 페이	shōu fèi 收费
비자	치엔쪙	qiānzhèng 签证
비즈니스 구역	샹우 취	shāngwù qū 商务区
빌리다	찌에	jiè 借
빼다, 제거하다	취띠아오	qùdiào 去掉

人

사과	핑구어	píngguǒ 苹果
사과 대추	핑구어 자오	píngguǒ zǎo 苹果枣
사다	마이	mǎi 买
사이즈	마	mǎ 码
사인하다	치엔밍	qiānmíng 签名
사장님, 가게 주인	라오반	lǎobǎn 老板
(인터넷) 사전 예약 차	왕위에 쳐	wǎngyuē chē 网约车
사진	쨔오	zhào 照
상반신 사진	빤션 쨔오	bànshēn zhào 半身照
새로운 것	신 더	xīn de 新的
색 분리 세탁	션치엔 펀카이 시	shēnqiǎn fēnkāi xǐ 深浅分开洗
색깔	옌써	yánsè 颜色
샌드위치	싼밍쯔	sānmíngzhì 三明治
샴푸	시파루	xǐfàlù 洗发露
서류	원찌엔	wénjiàn 文件
섞다, 조합하다	핀	pīn 拼
선글라스	타이양찡	tàiyángjìng 太阳镜
선택하다	쉬엔	xuǎn 选
설탕, 당도	탕	táng 糖
성씨	꾸(에)이씽	guìxìng 贵姓
성인	청런	chéngrén 成人
세기, 강도	리뚜	lìdù 力度
세로로	쓔져	shùzhe 竖着
세제	시이예	xǐyīyè 洗衣液
세탁	시	xǐ 洗
세탁과 건조	시 허 홍	xǐ hé hōng 洗和烘
세탁기	시이지	xǐyījī 洗衣机
세탁실	시이팡	xǐyīfáng 洗衣房

한국어	발음	중국어
셀프 세탁소	쯔쮸 시이팡	zìzhù xǐyīfáng 自助洗衣房
셔틀버스 승강장	찌에보어 쳐 짠	jiēbó chē zhàn 接驳车站
소고기 덮밥	니(어)우러우 미판	niúròu mǐfàn 牛肉米饭
소고기 면	니(어)우러우 미엔티아오	niúròu miàntiáo 牛肉面条
소비	시아오페이	xiāofèi 消费
손 소독제	셔우 시아오 두예	shǒu xiāodúyè 手消毒液
쇼핑몰[백화점]	상챵	shāngchǎng 商场
수량	쓔리앙	shùliàng 数量
수령 내역	찐 셔우따오	jīn shōudào 今收到
수리하다	웨이시(어)우	wéixiū 维修
수박	시구아	xīguā 西瓜
수영장	여우용구안	yóuyǒngguǎn 游泳馆
수하물 번호표	싱리 파이	xíngli pái 行李牌
수하물 수취	싱리 티취	xíngli tíqǔ 行李提取
숙박비	팡페이	fángfèi 房费
숟가락	샤오즈	sháozi 勺子
스위트룸	타오팡	tàofáng 套房
스카프	웨이찐	wéijīn 围巾
(QR 코드를) 스캔하다	싸오	sǎo 扫
스탠다드룸	삐아오쥰 팡	biāozhǔn fáng 标准房
슬리퍼	이츠씽 투어시에	yícìxìng tuōxié 一次性拖鞋
승강기	즈티	zhítī 直梯
시	디엔	diǎn 点
시간	시아오스	xiǎoshí 小时
시간 비용	스챵 페이	shícháng fèi 时长费
시간, 시	종	zhōng 钟
시간제 룸	쫑디엔팡	zhōngdiǎnfáng 钟点房
시다	쑤안	suān 酸
시식하다	쓰 츠	shì chī 试吃
시작하다	카이스	kāishǐ 开始
시즌 한정	찌지에 씨엔띵	jìjié xiàndìng 季节限定
시착하다	쓰 츄안	shì chuān 试穿
식수	인쉐이	yǐnshuǐ 饮水
신분증	션펀쩡	shēnfènzhèng 身份证
신선하다	신시엔	xīnxiān 新鲜
신호등	홍뤼떵	hónglǜdēng 红绿灯
실내 잠시 휴식	띠엔네이 시아오치	diànnèi xiǎoqì 店内小憩
실크 스카프	쓰진	sījīn 丝巾
싱글룸	딴런 팡	dānrén fáng 单人房
쑥뜸 관리	아이지(어)우 티아오리	àijiǔ tiáolǐ 艾灸调理
쓰다	용	yòng 用
쓰레기를 버리지 마세요	찐즈 루안 렁 라지	jìnzhǐ luàn rēng lājī 禁止乱扔垃圾

ㅇ

한국어	발음	중국어
아니면	하이스	háishi 还是
아로마 오일 등 마사지	찡 여우 카이 뻬이	jīng yóu kāi bèi 精油开背
아로마 오일 마사지	찡여우 안모어	jīngyóu ànmó 精油按摩

아마 ~일지도 모른다	커넝	kěnéng 可能
아이스 아메리카노	삥 메이쓰	bīng Měishì 冰美式
아직	하이	hái 还
아직 ~않다	메이	méi 没
아침	자오상	zǎoshang 早上
안경	옌찡	yǎnjìng 眼镜
안내 사항	원신 티스	wēnxīn tíshì 温馨提示
앉다	쭈어	zuò 坐
알겠습니다	하오 더	hǎo de 好的
알레르기가 있다	꾸어민	guòmǐn 过敏
알리페이	쯔푸바오	Zhīfùbǎo 支付宝
앞	치엔미엔	qiánmiàn 前面
앞	치엔	qián 前
애완동물 동반 금지	찐즈 시에따이 총우	jìnzhǐ xiédài chǒngwù 禁止携带宠物
약간	샤오웨이	shāowēi 稍微
약간 달게	웨이 탕	wēi táng 微糖
약냉방칸	루어 렁	ruò lěng 弱冷
약속하다	위에	yuē 约
양고기	양러우	yángròu 羊肉
어느	나	nǎ 哪
어느 것	나 이 거	nǎ yí ge 哪一个
어디	날	nǎr 哪儿
어떠하다, 어떻게 (하다)	전머양	zěnmeyàng 怎么样
어떻게	전머	zěnme 怎么
어메니티	시 후 용핀	xǐ hù yòngpǐn 洗护用品
어서 오세요	후안잉 꾸앙린	huānyíng guānglín 欢迎光临
어울리다, 적합하다	쓰허	shìhé 适合
얼마나	뚜어샤오	duōshao 多少
얼마나 오래	뚜어 지(어)우	duō jiǔ 多久
얼음	삥	bīng 冰
얼음 빼고	취 삥	qù bīng 去冰
얼음 적게	샤오 삥	shǎo bīng 少冰
없다	메이여우	méiyǒu 没有
엎드리다	파	pā 趴
에게 주다	게이	gěi 给
에서	짜이	zài 在
에스컬레이터를 타다	청쭈어 푸티	chéngzuò fútī 乘坐扶梯
엘레베이터 입구	띠엔티 커우	diàntī kǒu 电梯口
여권	후쨔오	hùzhào 护照
여기	쪄리	zhèli 这里
여기, 이곳	쪌	zhèr 这儿
역	짠	zhàn 站
역시, ~도	예	yě 也
연락하다	리엔씨	liánxì 联系
연우[과일 종류- 왁스 애플]	리엔우	liánwù 莲雾
연필	시에쯔 비	xiězì bǐ 写字笔
열 수 없다	다 부 카이	dǎ bu kāi 打不开
열다	카이	kāi 开
열다	카이팡	kāifàng 开放
영업하다	잉예	yíngyè 营业
예약 손님 맞이 구역	위위에 잉커 취	yùyuē yíngkè qū 预约迎客区

예약 정보	위위에 씬시	yùyuē xìnxī 预约信息
예약 확인 문자	위위에 두안 씬	yùyuē duǎnxìn 预约短信
예약차 손님이 타는 곳	왕위에 쳐 쌍 커 디엔	wǎngyuē chē shàng kè diǎn 网约车上客点
예약하다	위띵	yùdìng 预订
예약하다	위위에	yùyuē 预约
오른쪽	여우	yòu 右
오른쪽으로 도세요	씨앙 여우 쥬안	xiàng yòu zhuǎn 向右转
옥상 정원	콩종 후아위엔	kōngzhōng huāyuán 空中花园
온도	원뚜	wēndù 温度
온라인, 인터넷	완쌍	wǎngshàng 网上
옮기다	빤	bān 搬
옮길 수 없다	나 부 똥	ná bu dòng 拿不动
옷	이푸	yīfu 衣服
옷, 물건을 세는 단위	찌엔	jiàn 件
와	허	hé 和
와서 찾다, 수령하다	라이 취	lái qǔ 来取
와인잔	푸타오지(어)우 뻬이	pútaojiǔ bēi 葡萄酒杯
왕복하다	왕판	wǎngfǎn 往返
외투	와이타오	wàitào 外套
왼쪽	주어	zuǒ 左
왼쪽으로 도세요	씨앙 주어 쥬안	xiàng zuǒ zhuǎn 向左转
요리	찬	cān 餐
요리, 음식	차이	cài 菜

욕실 등	웨이위 떵	wèiyù dēng 卫浴灯
용과	후어롱구어	huǒlóngguǒ 火龙果
우유	니(어)우나이	niúnǎi 牛奶
운동복	윈똥푸	yùndòngfú 运动服
운영 시간	잉예 스찌엔	yíngyè shíjiān 营业时间
운전하다	찌아 쳐	jià chē 驾车
운행 후 기사 수익	라오똥 빠오 쳐우	láodòng bàochóu 劳动报酬
원하다, 필요하다	야오	yào 要
월	위에	yuè 月
월병	위에빙	yuèbǐng 月饼
위챗	웨이씬	Wēixìn 微信
위탁 수하물	투어윈 싱리	tuōyùn xíngli 托运行李
유턴하세요	칭 띠아오 터우	qǐng diàotóu 请掉头
융통하다, 봐주다	통롱	tōngróng 通融
을(를)	바	bǎ 把
음료	인리아오	yǐnliào 饮料
음식물 섭취 금지	찐즈 인스	jìnzhǐ yǐnshí 禁止饮食
음식을 가리다	찌커우	jìkǒu 忌口
의자	이즈	yǐzi 椅子
이, 이것	쩌거	zhège 这个
이득이다, 가성비가 좋다	후아쑤안	huásuàn 划算
이미, 벌써	이징	yǐjīng 已经
이 씨[성]	리	lǐ 李
이어폰	얼지	ěrjī 耳机
이용 제한 시간	스찌엔 씨엔 쯔	shíjiān xiànzhì 时间限制

익었다	슈 러	shú le 熟了
일	르	rì 日
일반 할인 택시	터후(에)이 쿠아이쳐	tèhuì kuàichē 特惠快车
일반룸	푸퉁 팡	pǔtōng fáng 普通房
일회용 우비	이츠씽 위이	yícìxìng yǔyī 一次性雨衣
입구	루커우	rùkǒu 入口
입국 신고서	루찡 카	rùjìng kǎ 入境卡
입실하다	루쮸	rùzhù 入住
입어 보다, 신어 보다	쓰	shì 试
입장권	먼피아오	ménpiào 门票
입장권 구매 방법	징취 꺼우 피아오 리(어) 우청	jǐngqū gòu piào liúchéng 景区购票流程
입장하다	루챵	rùchǎng 入场
있다	여우	yǒu 有

ㅈ

자기 스스로	쯔지	zìjǐ 自己
자르다	치에	qiē 切
자리	웨이즈	wèizi 位子
자리[숫자]	웨이	wèi 位
작성하다, 기입하다 [서류 등]	티엔따오	tiándào 填到
작성하다[서류나 양식]	티엔시에	tiánxiě 填写
작은 접시	디에즈	diézi 碟子
잔	뻬이	bēi 杯
잠깐 기다리다	샤오 덩	shāo děng 稍等
잠깐, 좀	이씨아	yíxià 一下

잠시 후, 이따가	덩 훨	děng huìr 等会儿
장거리 비용	위엔투 페이	yuǎntú fèi 远途费
재촉하다, 서두르다	추(에)이	cuī 催
저기요	니 하오	nǐ hǎo 你好
적게	샤오	shǎo 少
전 상품 20% 할인	취엔 챵 빠 져	quán chǎng bā zhé 全场8折
전국	취엔 구어	quán guó 全国
전신 마사지	취엔션 투 (에)이나	quánshēn tuīná 全身推拿
전신 마시지	취엔션	quánshēn 全身
전신 사진	취엔션 쨔오	quánshēn zhào 全身照
전화 번호	띠엔후아 하오마	diànhuà hàomǎ 电话号码
전화번호·객실번호에서 숫자 1	야오	yāo 幺
접어 올리다, 정리 하다	셔우 치라이	shōu qǐlai 收起来
접이식 테이블 [기내]	시아오 쮸어 반	xiǎo zhuōbǎn 小桌板
젓가락	쿠아이즈	kuàizi 筷子
정리하다, 치우다	셔우스	shōushi 收拾
제	띠	dì 第
제공하다	티꽁	tígōng 提供
제시하다, 보여주다	츄쓰	chūshì 出示
조금	여우디얼	yǒudiǎnr 有点儿
조금 달게	샤오 탕	shǎo táng 少糖
조금 이따가	꾸어 이후얼	guò yíhuìr 过一会儿
조금, 좀	이디월	yìdiǎnr 一点儿
조식	자오찬	zǎocān 早餐

좀 부탁드립니다	마판 닌 빵 워	máfan nín bāng wǒ… 麻烦您帮我…
좀, 한번	이씨아	yíxià 一下
종류	종	zhǒng 种
종류별로, 모든 종류	메이 양	měi yàng 每样
종아리	시아오 투(에)이	xiǎo tuǐ 小腿
종이 같은 평평한 물건을 세는 단위	쟝	zhāng 张
좋다, 괜찮다	커이	kěyǐ 可以
좋다, 괜찮다	싱	xíng 行
좌석	쭈어웨이	zuòwèi 座位
좌석, 의자	쭈어이	zuòyǐ 座椅
죄송합니다	부 하오이쓰	bù hǎoyìsi 不好意思
주, 주일	쩌우	zhōu 周
주문하다	디엔	diǎn 点
주세요	라이	lái 来
주차장	팅쳐챵	tíngchēchǎng 停车场
줄곧, 곧장	이즈	yìzhí 一直
줄을 서다	파이뚜(에)이	páiduì 排队
중간(톨) 사이즈	쫑 뻬이	zhōng bēi 中杯
중이다	짜이	zài ~ 在
증명서[신분증 등]	쪙찌엔	zhèngjiàn 证件
지갑	치엔빠오	qiánbāo 钱包
지금, 현재	씨엔짜이	xiànzài 现在
지나가세요	루꾸어	lùguò 路过
지니다	따이	dài 带
지하 2층	푸 얼 러우	fù èr lóu 负二楼

지하철 역	띠티에 짠	dìtiě zhàn 地铁站
직원	위엔꽁	yuángōng 员工
직접적인	즈지에	zhíjiē 直接
짐 보관증	찌춘 파이	jìcún pái 寄存牌
짐, 수하물	싱리	xíngli 行李
짜다	시엔	xián 咸
쪽[방향]	삐엔	biān 边
쪽을 향해[방향]	왕	wǎng 往
쭉 가세요[방향]	비즈 저우	bǐzhí zǒu 笔直走
찌다	쪙	zhēng 蒸
(사진을) 찍다	파이	pāi 拍

ㅊ

차[마시는]	챠	chá 茶
차[자동차]	쳐	chē 车
차 베이스	챠 디	chá dǐ 茶底
차가 막히다	두쳐	dǔchē 堵车
차가운 물, 시원한 물	리앙쉐이	liángshuǐ 凉水
차에서 내리다	씨아 쳐	xià chē 下车
착륙하다	루어띠	luòdì 落地
찻잔	챠뻬이	chábēi 茶杯
창가 쪽	카오 츄앙	kào chuāng 靠窗
창문	츄앙	chuāng 窗
창장 케이블카	챵찌앙 쑤어 따오	Chángjiāng suǒdào 长江索道
찾다	쟈오	zhǎo 找
찾아보다	챠	chá 查
처리 담당자	찡셔우런	jīngshǒurén 经手人
청바지	니(어)우자이쿠	niúzǎikù 牛仔裤

한국어	발음	중국어
청소하다	다싸오	dǎsǎo 打扫
청소하다	칭싸오	qīngsǎo 清扫
체크아웃하다	투(에)이 팡	tuì fáng 退房
체크인하다	루쭈	rùzhù 入住
총 금액	종 찐어	zǒng jīn'é 总金额
총, 합계	이꽁	yígòng 一共
촬영 금지	찐즈 파이쨔오	jìnzhǐ pāizhào 禁止拍照
최저가	찡시 터찌아	jīngxǐ tèjià 惊喜特价
추천 요리	투(에)이찌엔 차이	tuījiàn cài 推荐菜
추천하다	투(에)이찌엔	tuījiàn 推荐
출구	츄커우	chūkǒu 出口
출입 금지	칭 우 루 네이	qǐng wù rù nèi 请勿入内
충전	총띠엔	chōngdiàn 充电
충칭 택시	총칭 신 츄주	Chóngqìng xīn chūzū 重庆新出租
층	청	céng 层
층	러우청	lóucéng 楼层
층	러우	lóu 楼
치약	야까오	yágāo 牙膏
친구	펑여우	péngyou 朋友
칫솔	야슈아	yáshuā 牙刷

ㅋ		
카드	카	kǎ 卡
카드를 꽂으면 전기가 들어옴	챠 카 취 띠엔	chā kǎ qǔ diàn 插卡取电
카드를 찍으세요	칭 슈아카	qǐng shuākǎ 请刷卡
카카오프렌즈	커커 펑여우	kěkě péngyou 可可朋友

카풀	슌펑 쳐	shùnfēng chē 顺风车
캐릭터 굿즈	원츄앙 샹핀	wénchuàng shāngpǐn 文创商品
커피	카페이	kāfēi 咖啡
컵	뻬이즈	bēizi 杯子
컵 종류	뻬이 싱	bēi xíng 杯型
콜라	커러	kělè 可乐
콩	따떠우	dàdòu 大豆
크다	따	dà 大
큰 컵	따 뻬이	dà bēi 大杯
키위	미허우타오	míhóutáo 猕猴桃

ㅌ		
타다	쭈어	zuò 坐
탄산음료	치쉐이	qìshuǐ 汽水
탈의실	쓰이찌엔	shìyījiān 试衣间
탑승 게이트	떵지커우	dēngjīkǒu 登机口
탑승 수속 체크인하다[공항]	즈찌	zhíjī 值机
탑승 수속[체크인] 하는 곳	즈찌 타이	zhíjī tái 值机台
탑승권	떵지파이	dēngjīpái 登机牌
탕후루	탕후루	tánghúlu 糖葫芦
태그하다	슈아	shuā 刷
태블릿 PC	핑반 띠엔나오	píngbǎn diànnǎo 平板电脑
택시	츄주쳐	chūzūchē 出租车
택시를 타다	다쳐	dǎchē 打车
테이블	쭈어	zhuō 桌
테이크아웃하다, 가져가다	따이 저우	dài zǒu 带走

통용되다	통용	tōngyòng 通用
튀기다	쟈	zhá 炸
트렁크	허우뻬이시앙	hòubèixiāng 后备箱
특가	여우후(에)이	yōuhuì 优惠
특가 상품	터찌아 샹핀	tèjià shāngpǐn 特价商品

파			
파	총	cōng 葱
팔	꺼보어	gēbo 胳膊
팔다	마이	mài 卖
펜	비	bǐ 笔
펜·연필처럼 가늘고 긴 물건을 세는 단위	즈	zhī 支
편도	딴쳥	dānchéng 单程
포인트 적립(을 하다)	찌펀	jīfēn 积分
포장하다	다빠오	dǎbāo 打包
포크	챠즈	chāzi 叉子
포함하다	한	hán 含
표	피아오	piào 票
표 가격	피아오찌아	piàojià 票价
표 구매	셔우 피아오	shòu piào 售票
표, 승차권	피아오	piào 票
표준 당도	삐아오쥰 탕	biāozhǔn táng 标准糖
표준 얼음	삐아오쥰 삥	biāozhǔn bīng 标准冰
표준적인	삐아오쥰	biāozhǔn 标准
풍경, 경치	펑징	fēngjǐng 风景
프리사이즈	쥔 마	jūn mǎ 均码

필요 없다	부 야오	bú yào 不要
필요하다	쉬야오	xūyào 需要

ㅎ			
하고 싶다	시앙	xiǎng 想
하다, 진행하다	쭈어	zuò 做
하도록 시키다	랑	ràng 让
하려고 하다	야오	yào 要
하지 마라	부야오	búyào 不要
학생	쉬에셩	xuésheng 学生
한 장 더	짜이 이 장	zài yì zhāng 再一张
한 칸, 항목	이 란	yì lán 一栏
한국 간식	한구어 링스	Hánguó língshí 韩国零食
할 것이다	후(에)이	huì 会
할 수 있다	넝	néng 能
할인 가격	여우후(에)이 찌아	yōuhuì jià 优惠价
할인 금액	여우후(에)이 찐어	yōuhuì jīn'é 优惠金额
할인 시즌	져커우 찌	zhékòu jì 折扣季
할인 적용 전 금액	여우후(에)이 치엔 찐어	yōuhuì qián jīn'é 优惠前金额
할인 행사	여우후(에)이 후어똥	yōuhuì huódòng 优惠活动
할인하다, 세일하다	다져	dǎzhé 打折
항공편	항빤	hángbān 航班
항공편 정보	항빤 씬시	hángbān xìnxī 航班信息
항목, 프로그램	씨앙무	xiàngmù 项目
해도 된다	커이	kěyǐ 可以
해방비	지에팡뻬이	Jiěfàngbēi 解放碑

해야 한다	야오	yào 要
해야 한다	데이	děi 得
해외 카드	구어찌 인항 카	guójì yínhángkǎ 国际银行卡
허리	야오	yāo 腰
헬스장	찌엔션팡	jiànshēnfáng 健身房
현금	씨엔찐	xiànjīn 现金
호[객실 번호]	하오	hào 号
호선	하오 씨엔	hào xiàn 号线
호출벨	먼링	ménlíng 门铃
호텔	지(어)우띠엔	jiǔdiàn 酒店
호텔 로비	지(어)우띠엔 따탕	jiǔdiàn dàtáng 酒店大堂
호텔 룸	지(어)우띠엔 커팡	jiǔdiàn kèfáng 酒店客房
혼자	이 거 런	yí ge rén 一个人
혼합하다	훈져	hùnzhe 混着
홍삼	홍션 챤핀	hóngshēn chǎnpǐn 红参产品
홍야동[관광 명소]	홍야똥	Hóngyádòng 洪崖洞
화면	후아미엔	huàmiàn 画面
화장실	시셔우찌엔	xǐshǒujiān 洗手间
화장지	웨이셩즈	wèishēngzhǐ 卫生纸
화장품	후아쮸앙핀	huàzhuāngpǐn 化妆品
화폐 단위 '위안'	쿠아이	kuài 块
확인하다	취에런	quèrèn 确认
환승	쫑쥬안	zhōngzhuǎn 中转
환승 경유	쫑쥬안 리엔 청	zhōngzhuǎn liánchéng 中转联程

환승하다	후안청	huànchéng 换乘
환풍기	파이펑샨	páifēngshàn 排风扇
휴대폰	셔우지	shǒujī 手机
휴대폰 충전기	총띠엔치	chōngdiànqì 充电器
휴지, 냅킨	즈찐	zhǐjīn 纸巾
흡연 금지	찐즈 시엔	jìnzhǐ xīyān 禁止吸烟

기타

30% 할인	치 져	qī zhé 七折
3일 밤	싼 완	sān wǎn 三晚
5개 구매 1개 증정	마이 우 쩡 이	mǎi wǔ zèng yī 买5赠1
QR 코드	얼웨이마	èrwéimǎ 二维码
QR 코드를 스캔하다	싸오 마	sǎo mǎ 扫码
WiFi 이용 가능	우씨엔 왕루어 이 푸까이	wúxiàn wǎngluò yǐ fùgài 无线网络已覆盖
WiFi 주소	쨩하오	zhànghào 账号

기본 인사말

안녕하세요!	니 하오	Nǐ hǎo! 你好!
안녕하세요![존칭]	닌 하오	Nín hǎo! 您好!
좋은 아침입니다!	자오샹 하오	Zǎoshang hǎo! 早上好!
좋은 오후입니다!	씨아우 하오	Xiàwǔ hǎo! 下午好!
좋은 저녁입니다!	완샹 하오	Wǎnshang hǎo! 晚上好!
또 만나요!	짜이찌엔	Zàijiàn! 再见!
잘 가!	바이바이	Báibai! 拜拜!
고마워요!	씨에씨에	Xièxie! 谢谢!

감사합니다!	간씨에	Gǎnxiè! 感谢!
죄송합니다.	뚜(에)이부치	Duìbuqǐ. 对不起。
미안합니다.	빠오치엔	Bàoqiàn. 抱歉。
천만에요.	부 커치	Bú kèqi. 不客气。
괜찮습니다.	메이 꾸안시	Méi guānxi. 没关系。

인칭대명사&지시대명사

나, 저	워	wǒ 我
우리(들)	워먼	wǒmen 我们
너	니	nǐ 你
너희(들)	니먼	nǐmen 你们
당신, 귀하	닌	nín 您
그	타	tā 他
그들	타먼	tāmen 他们
그녀	타	tā 她
그녀들	타먼	tāmen 她们
그것	타	tā 它
그것들	타먼	tāmen 它们
이(것)	쩌(거)	zhè(ge) 这(个)
여기	쩌리	zhèli 这里
저(것)	나(거)	nà(ge) 那(个)
거기	나리	nàli 那里
어느(것)	나(거)	nǎ(ge) 哪(个)
어디	나리	nǎli 哪里

호칭

일반 남성 호칭	슈아이꺼	shuàigē 帅哥
일반 여성 호칭	메이뉘	měinǚ 美女
기사님	스푸	shīfu 师傅
종업원	푸우위엔	fúwùyuán 服务员

숫자

1	이	yī 一
2	얼	èr 二
3	싼	sān 三
4	쓰	sì 四
5	우	wǔ 五
6	리(어)우	liù 六
7	치	qī 七
8	빠	bā 八
9	지(어)우	jiǔ 九
10	스	shí 十
백	이바이	yìbǎi 一百
천	이치엔	yìqiān 一千

시제&날짜&요일

그저께	치엔티엔	qiántiān 前天
어제	주어티엔	zuótiān 昨天
오늘	찐티엔	jīntiān 今天
내일	밍티엔	míngtiān 明天
모레	허우티엔	hòutiān 后天
월	위에	yuè 月
일	하오	hào 号
일	르	rì 日
월요일	싱치이	xīngqīyī 星期一
월요일	쩌우이	zhōuyī 周一
화요일	싱치얼	xīngqī'èr 星期二
화요일	쩌우얼	zhōu'èr 周二
수요일	싱치싼	xīngqīsān 星期三
수요일	쩌우싼	zhōusān 周三

목요일	싱치쓰	xīngqīsì 星期四
목요일	쩌우쓰	zhōusì 周四
금요일	싱치우	xīngqīwǔ 星期五
금요일	쩌우우	zhōuwǔ 周五
토요일	싱치리(어)우	xīngqīliù 星期六
토요일	쩌우리(어)우	zhōuliù 周六
일요일	싱치티엔/르	xīngqītiān/rì 星期天/日
일요일	쩌우르	zhōurì 周日

시간

시	디엔	diǎn 点
분	펀	fēn 分
분[소요 시간]	펀쫑	fēnzhōng 分钟
아침	자오샹	zǎoshang 早上
오전	샹우	shàngwǔ 上午
정오	쫑우	zhōngwǔ 中午
오후	씨아우	xiàwǔ 下午
저녁	완샹	wǎnshang 晚上

방위사

위	샹미엔	shàngmiàn 上面
안	리미엔	lǐmiàn 里面
아래	씨아미엔	xiàmiàn 下面
앞	치엔미엔	qiánmiàn 前面
뒤	허우미엔	hòumiàn 后面
맞은편	뚜(에)이미엔	duìmiàn 对面
오른쪽	여우삐엔	yòubiān 右边
왼쪽	주어삐엔	zuǒbiān 左边
옆	팡삐엔	pángbiān 旁边
근처	푸찐	fùjìn 附近

중국어 하오 클럽

중하클 참가자 혜택

Daily 매일 업데이트 되는 중국어 글귀, 유행어,
드라마 표현 등 **최신 중국어 학습 자료 제공**

Weekly 매주 금요일 15분, 중국인 강사와의
밀착 학습 Q&A타임 (선착순 5명!!)

Special **시사중국어사 신간 소식 및 이벤트**
우선 참여 자격 부여